長江文明

YANGTZE RIVER
—— CIVILIZATION ——

重庆中国三峡博物馆　重庆博物馆　编

重庆出版集团 重庆出版社

图书在版编目（CIP）数据

长江文明.第18辑 / 重庆中国三峡博物馆　重庆博物馆编.
— 重庆：重庆出版社, 2014.12

ISBN 978-7-229-06518-8

Ⅰ.①长⋯ Ⅱ.①重⋯ Ⅲ.①长江流域—文化史—文集
Ⅳ.①K295-53

中国版本图书馆CIP数据核字（2015）第014441号

长江文明　第18辑
CHANGJIANG WENMING DI 18 JI

重庆中国三峡博物馆　重庆博物馆　编

出 版 人　罗小卫
责任编辑　吴芝宇
责任校对　杨　婧
装帧设计　刘　洋

重庆出版集团
重庆出版社　出版

重庆至乐文化传播有限公司 出品
重庆市南岸区南滨路162号1幢 邮政编码：400061 http://www.cqph.com
重庆出版集团艺术设计有限公司制版
重庆川外印务有限公司印刷
重庆出版集团图书发行有限公司发行
E-MAIL：fxchu@cqph.com 邮购电话：023-61520646
全国新华书店经销

开本：889mm×1194mm　1/16　印张：6　插页：6　字数：160千
2014年12月第1版　2014年12月第1次印刷
ISBN 978-7-229-06518-8
定价：25.00元

如有印装质量问题，请向本集团图书发行有限公司调换：023-61520678

長江文明

第18辑

○《长江文明》编委会
主　编：黎小龙
副主编：柳春鸣　张荣祥
编　委：向渠奎　郑　丹　魏光飚
王　春　彭学斌　邓又萍　牛瑞芳
梁冠男　龚义龙　黄德健
编辑部主任：向渠奎
责任编辑：张　莉
编　辑：郑　丹　刘兴亮　艾露露
编　务：夏　娱
地　址：重庆市渝中区人民路236号
邮　编：400015
电　话（传真）：023-63679049
E-mail：cjwm001@163.com

○ 勘误声明

由于编辑人员疏忽，《长江文明》第17辑封二图片中的第一幅图"明秦良玉太子太保总镇关防印"印面倒置，特此声明更正，另感谢曹锦炎先生的指正。

《长江文明》编辑部

目录

论商代国家铜料来源

孙　明 / 1

简析"车马过桥"与"轺车骖驾"
——重庆中国三峡博物馆藏羊子山汉墓画像砖中的两种轺车为例

叶　琳 / 12

宋元时期夔州路鼎山县置废考

张　赢 / 17

字库塔初步研究

邵　磊　蒋晓春　李　茜 / 25

初探清代黔江佛教文化的兴盛与繁荣

彭一峰 / 38

梦想旅程：记洛杉矶艺术博物馆藏的17世纪中国绘画

路易斯·尤哈斯 著　董　越 译 / 49

长江上游地区珍稀鱼类名实考

刘　静 / 61

近现代川江航道图编绘补录

李　鹏 / 69

抗战时期巴蔓子墓的维修保护

唐昌伦　胡　懿 / 78

从重庆中国三峡博物馆建馆60年社教工作浅谈博物馆教育功能发展趋势

管晓锐 / 83

"新春献瑞——重庆中国三峡博物馆藏中国木版年画展"琐忆

张荣祥　雷学刚　龚义龙 / 90

中国文明探源的新尝试
——《长江中游地区文明进程研究》概要

刘俊男 / 94

# Contents

Discussion on the Source of the Bronze Ware of the Shang Dynasty

Sun Ming / 1

Expatiation on " the Crossing the Bridge " and " the Three-Horse-Driven Light Carriage " ——Two Types of Light Carriage in the Han-dynasty Pictorial Brick in the Chongqing China Three Gorges Museum

Ye Lin / 12

The Establishment and Abolition of the Dingshan County in Kuizhou during the Song and Yuan Dynasties

Zhang Ying / 17

Preliminary Study on the ZIKU-Tower

Shao Lei   Jiang Xiaochun   Li Qian / 25

Preliminary Discussion on the Prosperity of the Buddhist Culture in Qianjiang in the Qing Dynasty

Peng Yifeng / 38

Imaginary Journeys: Seventeenth-century Chinese Paintings in the Los Angeles County Museum of Art

Louise Yuhas, translated by Dong Yue / 49

Research on the Rare Fishes in the Upper Reaches of Yangtze River

Liu Jing / 61

The Supplement for the drawings compilation of the Navigation Channel of the Upper Reaches of Yangtze River in the Modern Times

Li Peng / 69

The Maintaining and Conservation for the Tomb of Bamanzi during the Anti-Japanese War

Tang Changlun   Hu Yi / 78

Discussion on the Trend of the Museum's Education Function Based on Reviewing the Sixty-years Educational Practices of the Chongqing China Three Gorges Museum

Guan Xiaorui / 83

Review on the "With Best Wishes for a Happy New Year: Exhibition of the Chinese Woodcut Paintings in the Chongqing China Three Gorges Museum"

Zhang Rongxiang   Lei Xuegang   Gong Yilong / 90

Overview on " the Research on the Civilization Progress in the Middle Reaches of the Yangtze River "

Liu Junnan / 94

论商代国家铜料来源

孙 明[①]

（长沙市文物考古研究所，湖南长沙 410005）

摘 要：商代国家铜料来源地包括中原地区的晋南中条山，南方地区大冶铜绿山和瑞昌铜岭，以及北方地区的牛河梁和大井。获取铜料的方式包括直接开采、长途贸易、战争俘获和纳贡等，运输方式以水路运输为主，陆路为辅。不同时期，铜料来源及获取方式随商王朝疆域范围及统治中心的变化而变化。

关键词：商代；铜矿；交通运输

商代国家青铜铸造所需铜料的来源，涉及铜矿分布、矿石的开采与冶炼、贸易往来、交通运输等方面，一直是学术界关注的焦点，诸多学者从不同角度对此问题进行深入的研究，取得了丰硕的成果。对商代国家铜料的产地、获取方式及路径进行研究，对我们更好地认识商代国家实力兴衰、疆域变迁、商与周边方国部落之间的从属关系、经济贸易、交通运输等问题具有重要意义。在前人研究基础之上，本文试对商代国家铜料产地、获取方式及路径问题作一探讨，以求教于学界同仁。

一、铜料产地

关于商代的铜矿产地，学界早有关注。石璋如曾根据方志记载与地质调查资料，统计了中国境内古今铜矿产地，按以安阳为中心的直线距离分为十个区域[1]，500公里范围以内的有禹县、登封、洛源、涉县、浚县、安阳、内邱、邢台、解县、平陆、垣曲、夏县、闻喜、绛县、曲沃、翼城、黎城、博山、莱芜、济南等28处，500~1000公里范围内的34处。

近年来，随着大规模考古工作的开展，一批重要的古矿冶遗址相继被发现。山西的中条山古铜矿冶遗址地处晋南，是夏商时期距离中原最近的铜矿产地，这一地区及其附近与炼铜有关的夏商时期遗存如夏县东下冯、垣曲南关等，屡有发现。

洛河上游的南岸的红崖山富含铜、铅矿，虽然该地区有记载的大规模的官方采矿活动发生的时间比较晚[2]，但是，附近的东龙山遗址发现了大量属于二里头文化三、四期的文化遗存。说明在二里头文化三、四期，东龙山遗址的居民与二里头遗址关系密切，或者从二里头遗址迁徙至此，并且可能在此从事铜、锡原料的开采活动。

长江中下游地区是我国重要的铜矿分布带，目前经考古发掘证明的商代及其以前已经开采的铜矿主要有江西瑞昌铜岭和湖北大冶铜绿山[3]。铜岭遗址至少在商代中期已被开采，目前发现的古代炼渣堆积厚达0.95~3.96米，初步估算约有数十万吨。铜绿山遗址是一个采冶结合的大型遗址，采矿遗址可分为露天开采

---

①孙明，男，长沙市文物考古研究所，馆员。

和井下开采两类，井下开采是铜绿山矿区古代开采的主要形式，其开采年代约相当于商代晚期，虽然目前尚无直接资料说明铜绿山古代露天开采的年代，但从开采程序来看，应早于同一矿体井下开采年代。

辽西和内蒙古东部地区有丰富的铜、锡资源。上世纪80年代中期发现牛河梁遗址是目前发现的北方地区乃至全国发现较早的冶铜遗存之一，其年代为距今约3500～3000年，属夏家店下层文化期；地质部门资料显示，牛河梁附近的铜矿点有多处古代开采遗迹，但由于没有进行正式的考古调查与发掘，目前尚不清楚这些古代开采遗迹与牛河梁冶炼遗址是否有关[4]。1976年发掘的大井矿冶遗址位于内蒙古林西县境内，所在矿床是我国北方最大的一条铜锡多金属成矿带，部分样品的碳十四测年显示，该遗址的年代为距今2970～2700年，属夏家店上层文化。[5]

上述矿冶遗址中，有些虽然距离商代统治中心很近，但目前发现的遗迹遗物年代较晚，有些尽管距离商代统治中心较远，但其使用年代上与商代大体相当或早于商代。对于商代国家铜料究竟来自何地，学界目前尚未有明确的、令人信服的共识。

石璋如认为，距离远近是决定殷墟统治者获取铜锡原料可能性的关键因素，并提出，"直线距在五百公里之外的，来回需要一个月至半年以上的时间，恐怕于运输上很成问题。直线距在四百公里之内，而且平常多有来往，少者半月可以来回，这个在运输上尚有可能"[6]。

事实上，在获取资源的过程中，距离的远近并非决定统治者是否能获取其他地方资源的最重要的因素，起决定作用的是社会对资源的需求程度、获取方式及路径。

湖北黄陂盘龙城遗址是目前发现的规模较大、等级较高、文化面貌与二里岗文化存在诸多相似之处的重要城址，盘龙城遗址地处铜矿资源丰富的长江中下游地区，附近的大冶铜绿山、江西瑞昌铜岭等地开采铜矿的历史悠久，铜矿资源丰富。有学者曾对盘龙城遗址出土的青铜器，大冶铜绿山的铜矿石、铜锭、炼渣以及郑州商城出土的铜矿石、铜渣等样品作铅同位素分析，对盘龙城青铜器泥芯作稀土元素分析，结果显示：盘龙城出土的部分青铜器可能由采自大冶铜绿山的矿石在盘龙城铸成，还有一些青铜器可能是在郑州商城铸成再转移至盘龙城地区的，而郑州商城的铜矿石部分可能是来自于大冶铜绿山或瑞昌铜岭。[7]

殷墟发现的玉器有新疆玉、透闪石玉、岫岩玉、南阳玉四种，但以新疆玉居多；妇好墓出土的多数玉器，体积都较小，可能是用和阗籽玉制成，有些玉戈带有玉皮和"石根子"，可能是用和田"山料"制成。[8]虽然，玉料和铜料在运输重量上不可比，但商代对二者的需求程度可作类比之思考。

综合分析，商代国家的铜料来源比较丰富，可能既包括距离统治中心较近的豫北的安阳铜山、晋南的中条山，也包括距离较远的内蒙古大井、辽西牛河梁、湖北大冶铜绿山、江西瑞昌铜岭等。

二、获取方式

商代国家获取铜料的方式，不外乎直接开采、战争俘获、贸易、纳贡四种。晋南中条山、大冶铜绿山、瑞昌铜岭等地发现的诸多商周时期矿冶遗址，说明这一时期已经存在有组织的规模较大的开矿、冶炼行为。两周铜器铭文中多次出现的"俘金"，则表明战争俘获也是获取铜料的重要方式。戎生编钟铭文提到的"遣卤积取金繁汤"之事及"繁汤"在东周铜器铭文中的多次出现，说明贸易应该也是获取铜料的重要方式，在某些时期甚至可能是主要方式。《尚书·禹贡》所载各地贡献方物中不乏金锡，《诗·鲁颂》中也提到"憬彼淮夷，来献其琛，元龟象齿，大赂南金"，说明纳贡同样是获取铜料的重要途径。

需要指出的是，商代国家获取铜料的方式并非一成不变的。随着商人与周边方国部落之间政治、经济和军事实力的消长，直接开采、战争俘获、贸易、纳贡等方式在商代国家获取铜料过程中的重要性也在不断变化，不可一概而论。

二里岗时期

商代早期的考古学文化是以郑州商城为代表的二里岗文化，郑州商城和偃师商城是商代早期统治中心所在，其统治区域可能包括关中东部、晋南、冀南及河南大部，长江中下游地区的部分地区，如湖北盘龙城、江西瑞昌铜岭等，可能也在其影响或控制范围内。这一时期，商人势力强盛，疆域辽阔，统治者获取铜料的方式可能以直接开采为主，贸易、战争俘获、纳贡为辅。

商代建立以前，主导黄河中下游地区的是以二里头遗址为代表的传说中的夏王朝。郑州商城发现的青铜铸造作坊遗址及所出青铜器在器形、纹饰方面与二里头遗址存在的诸多相似、相同之处，说明商代的青铜冶铸业应该是在二里头文化青铜铸造业的基础上发展而来的。

铜矿资源丰富的中条山与二里头遗址隔河相望，与郑州商城及偃师商城也相距不远。附近的东下冯遗址和南关遗址发现的大量二里头文化和二里岗文化期的器物、居址、墓葬及与青铜冶炼相关的遗存，虽然说明来自二里头文化的政治势力和二里岗时期的商代统治者可能长期占据此地并开采、冶炼附近中条山的铜矿资源。但聚落军事防御设施的出现，却暗示两

地居民的生存及发展似乎面临某种确定的外部威胁，这种威胁可能来自不同族群对生存空间的争夺，也可能来自对某种特殊资源的争夺，比如铜矿。而发生于二里头文化与二里岗文化交替阶段的聚落军事防御设施的变化及二里岗时期暴力冲突的继续[9]，说明来自郑州商城的二里岗文化人群似乎以暴力手段取代原有的二里头文化人群，并在这里继续开采冶炼铜矿。

二里岗文化时期，随着青铜铸造技术的进步及贵族阶层对青铜器种类及数量需求的增加，整个社会对青铜原料需求也日趋增大。为满足贵族阶层对青铜原料的需求，以郑州商城为中心的统治者可能武力夺取了原属二里头文化政治势力控制的铜矿及冶炼场所，继续从事采矿冶炼活动。与此同时，商代统治者可能还把目光转向了铜矿资源丰富的长江中下游地区。

盘龙城遗址位于湖北武汉黄陂区滠口镇境内，城址为长方形，可能存在内外两重城垣。考古发掘显示，该遗址的年代可追至二里岗下层时期，但大型夯土建筑及城墙的建造却发生在二里岗上层时期，建筑方法同于郑州商城，大型墓棺椁、腰坑、二层台、殉人、殉狗齐备，形制与郑州商城发现的商代墓葬相似，出土的青铜器风格与郑州商城发现的商代青铜器相同，但陶器的风格明显不同于郑州商城所出同类陶器，说明郑州商城贵族可能是作为入侵者而统治着该地土著族群[10]。而"盘龙城出土的部分青铜器可能由采自大冶铜绿山的矿石在盘龙城铸成，还有一些青铜器可能是在郑州商城铸成再转移至盘龙城地区的，而郑州商城的铜矿石部分可能是来自于大冶铜绿山或瑞昌铜岭"的检测结果[11]，说明盘龙城遗址很可能是作为二里岗时期的商代统治者获取长江大冶铜绿山、瑞昌铜岭等地丰富的铜矿资源而出现并发展的。

二里岗文化晚期，王室内乱及由此引发的多次迁都致使商人统治范围大为缩减，统治者逐渐丧失或主动放弃了对晋南及长江中下游地区的控制与影响，获取铜料的方式也因此异于前。

南关遗址（或垣曲商城）在二里岗上层早段的废弃[12]，说明中条山地区大规模的铜矿开采、冶炼活动可能已经停止。但小规模的开采、冶炼活动可能还在继续。受材料限制，从事开采活动的人群、铜料去向、运输路径及方式等，尚待进一步研究。

盘龙城遗址在这一时期的衰落，说明商代统治者被迫或主动放弃了对长江中下游地区的控制。商代政治势力在南方地区的收缩虽然可能与文献所载的王室内乱及由此引发的多次迁都有关①，但该地区土著政治势力的崛起也是一个不容忽视的因素。江西吴城遗址、新干大洋洲商墓的发现[13]及湖南长沙、岳阳等地相当于商代晚期的青铜器的出土，为探索这一问题提供了重要线索。

北京平谷刘家河商墓发现的小方鼎形制、纹饰与郑州张寨南街出土的大方鼎近似，弦纹鼎、弦纹鬲、弦纹瓿、I式盘、I式盉等与湖北盘龙城李家咀墓葬出土器物基本相同，铁刃铜钺与藁城台西出土的形状大体相同，但约小三分之一[14]。这些现象说明墓主人及其所属社群与二里岗时期或稍后的商代统治者之间关系密切，交往频繁，目前尚无证据说明该地属于商代统治者控制范围。平谷地区临近辽西牛河梁遗址及内蒙古的大井古铜矿遗址，该地区的夏家店下层文化与二里头文化、先商文化及岳石文化交往密切[15]。因此，不排除二里岗时期商代统治者所用铜料来自内蒙古东部和辽西地区的可能，但直接开采的可能性很小，而有可能是通过贸易、纳贡等方式获取。

殷墟时期

盘庚迁殷后，商人势力虽逐渐恢复，但统治疆域及影响范围较早期发生了很大变化。根据目前考古资料，铜矿资源丰富的长江中下游地区和晋南地区目前发现的属于商代晚期的商文化遗存非常少，因此，前者可能已经脱离殷墟统治者的控制和影响，而后者可能也处在羌人、鬼方、舌方等敌对方国部落的威胁甚至控制之下。

河北丰润卢各庄所出铜鼎在形制方面与河北唐山、青龙河流域等处发现的商代晚期铜器及殷墟一、二期的铜鼎均有相近之处[16]，辽西大小凌河流域也曾发现二里岗文化上层的商式青铜器，以及多批晚商至西周前期样式的中原式青铜器[17]。这些现象说明殷墟时期该地区可能仍是商代国家铜料的来源地之一。此外，甲骨资料显示，武丁时期，殷墟与北方井方关系亲密，武丁的配偶妇井很可能来自井方；与土方却冲突不断，此类事件在殷墟甲骨卜辞中多次出现，如"九日辛卯，允又来艰自北……告曰：土方牧我田十人"，"登人五千伐土方"，"登人三千伐土方"，"令三族伐土方"，"贞王勿乎妇好往伐土方"[18]。殷墟与土方之间的战争很可能会影响殷墟统治者获取辽西、内蒙古东部地区的铜料。因此，殷墟统

---

① 【汉】司马迁《史记》载："中宗崩，子帝中丁立。帝中丁迁于隞。河亶甲居相。祖乙迁于邢。帝中丁崩，弟外壬立，是帝外壬。仲丁书阙不具。帝外壬崩，弟河亶甲立，是为帝河亶甲。河亶甲时，殷复衰。河亶甲崩，子帝祖乙立。帝祖乙立，殷复兴。巫贤任职。祖乙崩，子帝祖辛立。帝祖辛崩，弟沃甲立，是为帝沃甲。帝沃甲崩，立沃甲兄祖辛之子祖丁，是为帝祖丁。帝祖丁崩，立弟沃甲之子南庚，是为帝南庚。帝南庚崩，立帝祖丁之子阳甲，是为帝阳甲。帝阳甲之时，殷衰。自中丁以来，废嫡而更立诸弟子，弟子或争相代立，比九世乱，于是诸侯莫朝"，详见【汉】司马迁. 史记·殷本纪[M]. 北京：中华书局，1959：101.

治者获取辽西、内蒙古中部地区的铜料很可能以贸易为主,直接开采的可能性不大。

长江中下游地区曾是商代国家铜料的重要来源地之一,但在盘龙城遗址衰落而周边土著政治势力逐渐崛起的状况下,商代统治者是以何种方式获取铸造各种青铜器所需的大量南方的青铜原料呢?

吴城遗址位于樟树吴城萧江二级台地的山前地带,分布面积4平方公里,土城面积61.3万平方米,遗址内发现有建筑基址、铸铜遗迹、龙窑群以及大型祭祀广场等遗存。1989年发现的新干大洋洲商墓出土了大量随葬品,其中陶

种重要的礼器使用。尽管二者在器形大小及装饰风格方面存在巨大差异,但由于此前二里岗文化并未发现此类器物,因此,殷墟铜铙很可能是受长江中下游地区青铜铙的影响产生的。此外,殷墟妇好墓出土的鸮尊、司母辛四足觥[24]及殷墟花园庄东地M54出土的牛尊[25]等铜器(图1,12—14)与长江中下游地区出土的同类器物(图1,9—11)在造型、装饰艺术方面的极大相似性,前者似乎也是受后者影响出现的。据此分析,殷墟地区出土的青铜铙及司母辛四足觥、牛尊等青铜器,不排除存在舶来品或仿制

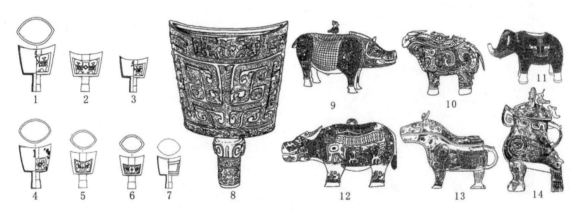

图1 长江中下游地区和殷墟所出商代铜器
1—3.安阳花园庄54号商墓铜铙[20] 4—6.殷墟大司空M303铜铙[21] 7.殷墟妇好墓铜铙[22]
8.湖南宁乡铜铙[23] 9.湖南湘潭猪尊 10.湖南衡阳铜牺尊 11.湖南长沙象尊
12.殷墟花东牛尊 13.妇好墓司母辛四足觥 14.妇好墓鸮尊

器有139件,青铜器475件,玉器754件。新干大洋洲商墓出土的铜器中,约6种为标准的二里岗文化类型,但占主导的是大量的稍晚的器形,这些晚期青铜器表现出的独特的风格,代表着逐渐出现的地方传统,说明其可能正在逐渐摆脱中原政治势力及文化的影响;还有一些青铜器属于舶来品或其仿制品,说明二里岗文化时期结束后该地与中原之间的交往仍在继续[19]。

青铜铙是长江中下游地区最为常见的青铜器之一,这里发现的青铜铙不仅器形较大,而且装饰复杂。安阳殷墟虽也出土有青铜铙,但数量较少、器形较小且缺乏装饰,很难作为一

品的可能性。

综合分析,殷墟时期,商代统治者对远方青铜原料的获取方式可能以贸易、战争俘获、纳贡等为主,直接开采的可能性比较小。

三、获取路径

水运是中国古代最重要的交通运输手段之一,先秦时期的华北、中原和长江中下游地区河网交错,优越的自然地理环境为北方、中原及长江中下游地区之间的物资及人员往来提供了重要的通道。

陆路也是一种非常重要的运输方式,但

对地形要求比较高。中原与周边铜矿产区多有群山阻隔，而河谷地带地势相对平坦，便于人员、车辆及牲畜行进，应该是陆路运输的重要选择。但比较而言，长距离的陆路运输耗费较大，所以其重要性可能不如水路运输。

北方线

华北平原地势平坦，黄河自南向北经现在的天津地区入渤海，黄河干道及诸多岔道极大便利了中原与华北、东北地区之间的交往。

多年的考古发掘显示，在今天的河北西部和河南西北部，沿太行山东麓南北一线分布着诸多大型商文化城址、聚落。其中，属于早商

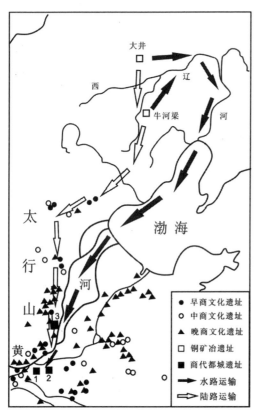

图2 商代国家获取北方地区铜料路线示意图
1.偃师商城 2.郑州商城 3.洹北商城、小屯殷墟

者如焦作府城、辉县孟庄、新乡潞王坟、淇县摘星台、邯郸龟台寺、蔚县四十里坡、槁城台西、北龙宫等，中商者如磁县下七垣、邯郸涧沟、邢台曹演庄、东先贤、灵寿北宅村、槁城

台西、北龙宫、涞水富位、沧县倪杨屯等，晚商者如北京房山琉璃河、易县北福地、正定新虚铺、邢台贾村、曹演庄、东先贤、磁县下七垣、邯郸涧沟、武安赵窑等[26]。

这些遗址位于太行山与华北平原过渡地带，地势平坦，且多临河湖，水、陆交通便利。如图2所示，内蒙东部和辽西地区所产铜料既可顺西辽河经渤海入黄河，然后逆流而上，直达商代统治中心洹北商城、小屯殷墟、郑州商城、偃师商城等地，也可越燕山、经北京平谷、房山琉璃河，然后沿太行山东麓南下，经过槁城台西、邯郸龟台寺等地，抵达洹北商城和小屯殷墟，向南经淇县摘星台、新乡潞王坟、宋窑等地，过黄河可达郑州商城和偃师商城。

晋南线

晋南中条山铜矿区是距离商代统治中心最近的一条铜矿带。该地区目前发现的早商文化遗存分布密集，典型遗址如夏县东下冯、垣曲商城。垣曲商城位于中条山南麓，背中条山而面黄河。该地所开采、冶炼铜料顺黄河而下，可轻易抵达偃师商城、郑州商城，再向北亦可抵达洹北商城和小屯殷墟等商代都城地区。东下冯遗址位于中条山北麓，运城盆地，遗址附近有洮水流经其附近。如图3所示，该地所开采、冶炼铜料以水运方式，由洮水入涑水，顺黄河而下，可直达商代都城地区；亦可翻越中条山，再顺黄河而下抵达都城地区。

南方线

关于中原地区与长江中下游地区的交通路线问题，早有学者关注。刘莉、陈星灿根据大量的考古发掘、传世文献及商周青铜铭文的研究成果，曾梳理出三条连通中原与长江中下游地区的可能的水上运输路线[27]。中线以繁汤为中心，繁汤周边地区有数条河流或北流淮河，或南入长江，东线沿济水、泗水、淮河至于长

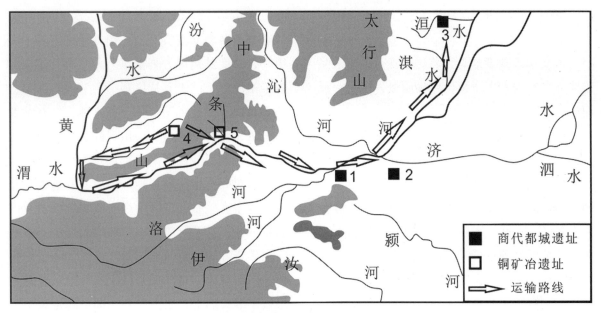

图3　商代国家获取中条山铜料路线示意图
1.偃师商城　2.郑州商城　3.洹北商城、小屯殷墟　4.夏县东下冯　5.垣曲商城

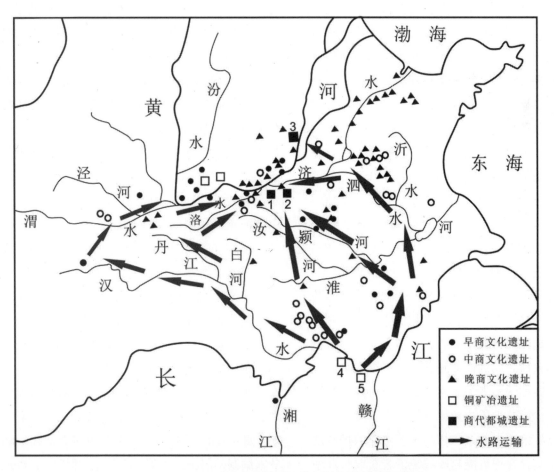

图4　商代国家获取长江中下游地区铜料路线示意图
1.偃师商城　2.郑州商城　3.洹北商城、小屯殷墟　4.大冶铜绿山　5.瑞昌铜岭

江，西线主要为长江支流汉水、丹江、白河等。

本文基本同意刘莉、陈星灿观点，但三条路线在不同时期的重要性差异明显，不可一概而论。

中线 以目前掌握材料分析，商代早期，长江中下游地区的商文化遗存主要是盘龙城类型和大城墩类型，前者主要分布在汉水以东、桐柏山以南、长江以北的地区，后者主要分布在安徽江淮之间、霍山—巢湖以北的地区，汉水以西地区发现很少[28]。这一时期中原与长江中下游地区之间的交往可能主要以中线为主，铜绿山、铜陵所开采的铜料，可能或先运至盘龙城，然后逆涢水而上抵达淮河，或经安徽中部至淮河，然后再逆淮河支流汝河、颍河而上运抵中原。

商代中期，商文化遗址在长江中下游地区分布范围进一步扩大，尤其是涢水流域，属于这一时期的商代遗址密集分布，说明这一时期涢水在中原与长江中下游地区交通运输方面发挥着非常重要的作用。

商代晚期，虽然长江中下游地区的盘龙城类型消失不见，但并不意味着中线运输的消失。1956年河南上蔡田庄发现一处贵族墓地，其中M3出土青铜器包括方鼎、甗、簋、瓿、尊、卣、觯各一件，爵两件，其年代大致相当于殷墟铜器分期的三期Ⅱ段[29]。无独有偶，河南罗山县天湖商代墓地发现的商代青铜礼器与殷墟出土同类器物存在诸多相似之处[30]。两处贵族墓地在葬俗及随葬青铜礼器方面与殷墟商代贵族墓地之间的诸多相似之处，说明墓主人应该与殷墟统治者关系密切，甚至可能直接来自殷墟，而墓地周边地区可能处在殷墟统治者或与殷墟统治者关系密切的土著贵族的控制之下，而其存在很可能与殷墟统治者获取长江中下游地区铜料有关。

虎方在武丁时期卜辞中多次出现，如"令望乘暨舆途虎方"、"舆其途虎方告于大甲"、"舆其途虎方告于丁"、"舆其途虎方告于祖乙"、"王其从虎师"、"虎入百"、"王其田，惟省虎"，关于虎方地望，有学者通过对比西周早期金文中出现的有关"虎方"记述，推测可能在河南南部偏东方位[31]。殷墟统治者对处在中路附近地区的虎方的重视以及双方的亲密关系，说明中线对殷墟统治者应该非常重要，甚至可能是殷墟获取长江中下游地区铜矿资源的主要通道。而《诗经·商颂》所载"挞彼殷武，奋伐荆楚，罙入其阻，裒荆之旅……维女荆楚，居国南乡"即可能是武丁为保护中线运输的畅通无阻而对附近地区敌对势力发动的战争。

东线 商代早期海岱地区商文化遗址比较少，目前所知仅有大辛庄类型，主要分布在今黄河以南、泰沂山脉以西的山东境内[32]。商代中期，大辛庄类型在泰沂山脉以北地区继续延续发展，主要分布于鲁西南地区的潘庙类型也开始出现[33]。商代晚期，商文化继续向南扩展，代表性文化类型有安邱类型、苏埠屯类型、前掌大类型[34]，说明这一时期以济水、泗水为主线的东线可能成为商代统治者获取长江中下游地区铜料的最重要的路径之一。中原及北方地区的盐、礼乐之器、原始瓷器等经黄河、济水、泗水、淮河南下可直达铜、锡资源丰富的皖南赣北地区，而长江下游地区的所产铜、锡、龟甲及铜铙等沿此路北上，亦可顺利抵达青铜文明发达但铜、锡资源匮乏的中原。

东线对殷墟统治者也非常重要，因为至少在武丁时期，殷墟统治者已经开始向海岱地区渗透，但大规模的扩张可能要到帝乙、帝辛时期。商人向东方的扩展，传世文献多有记载，陈梦家编制的殷王乙、辛"正人方历程"中，也曾提到殷墟统治者对东部或东南地区的征伐[35]，而殷墟晚期青铜器铭文中同样发现有商王征伐东夷的记载[36]，如：

小臣俞犀尊：丁巳，王□夔祖，王锡小臣俞夔见。佳王来征夷方，佳王十祀又五，肜日。

阁簋：癸巳，□赏小子阁贝十朋，在□师，惟阁令伐人方□，用作文丁尊彝，在十月肜，□□。

西路 西线主要涉及长江、汉水、丹江、洛水、渭水等河流。长江中下游地区丰富的铜、锡资源，可能还包括一些青铜兵器，借此通道可达中原，而中原所产之盐及礼乐之器亦可经此直达湘鄂。

汉中地区的城固、洋县自20世纪50年代以来，也出土了大批青铜器，出土地点集中分布在湑水河及汉江两岸东西约40公里、南北约10多公里的地域内[37]。这些铜器主要是兵器，另有礼器、车马器等，且多出于窖藏，组合无定。值得注意的是，这里发现的几件主要青铜器与殷墟妇好墓出土同类器物的形制非常相似，仅纹饰略有差异[38]，而青铜戈、钺、人面像等却与新干大洋洲商墓出土同类器物十分相似，说明该地区与殷墟以及新干大洋洲之间的

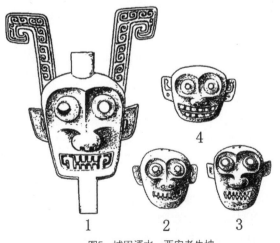

图5 城固湑水、西安老牛坡、
新干大洋洲商墓所出铜人面像[39]

1.大洋洲商墓双面神人铜头像 2—3.城固苏村铜人面像
4.老牛坡铜人面像（M41：51）

交往密切。关中东部的老牛坡遗址地处北方、中原和南方文化交界处，这里发现的青铜人面形装饰与城固及新干大洋洲出土的人面形装饰非常相似。

Robert Bagley认为，尽管城固地区没有进行系统的考古发掘，但接连不断的偶然发现似乎暗示这里可能曾是一个重要的交通枢纽，由此地出发，沿秦岭穿过宝鸡经渭河谷地西端可以进入关中地区，向南经城固顺长江支流而下亦可至四川地区及长江中下游地区[40]。

但是，由于西线附近地区目前发现的商文化遗存非常少，且主要分布于关中和汉中地区，因此，其重要性尚有待研究。

关于城固和老牛坡出土铜器，至少有两点非常值得注意。首先，目前城固地区发现的铜器，均出自窖藏坑，而非墓葬或其他，说明这些铜器应该是被器主出于某种原因而故意埋藏的，埋藏的目的是短期存放或掩藏，而非长期埋葬。其次，无论是城固或是老牛坡，两地出土的与殷墟同类器物相似或具有殷墟文化因素的铜器，皆截至殷墟文化三期，属于殷墟文化四期的铜器几乎没有，说明可能从殷墟文化三期或其以后，两地与殷墟之间的联系明显减少。至于是交往的断绝，还是原居于此的族群迁徙他处，尚有待进一步研究。

关于老牛坡遗址的文化归属，朱凤瀚认为，"西安老牛坡类型，约存在于殷代早、中期。其青铜文化内涵基本上是糅合殷墟文化及诸如城固类型、石楼—绥德类型及黑豆嘴类型等地方性青铜文化而成，似无自己独特的之处。其族属应属于曾在这里居住的与商人在文化上有较多接触的一古代民族。周人兴起后，此一类型文化因为处在周人活动的区域内，可能渐被周人所排挤或吞并"[41]。

笔者赞同朱凤瀚先生观点，同时认为，城固铜器群不见殷墟四期文化因素且器物均出自

窖藏，也应该与殷墟晚期周人的崛起有直接关系。城固、老牛坡遗址出土铜器群中殷墟晚期文化的消失，与殷墟晚期统治者对周人采取的"怀柔政策"，说明自殷墟三期开始，随着周人的崛起，殷墟统治者可能逐渐失去对关中与汉中地区的控制与影响；此种情况的出现，可能造成西线在中原地区与长江中下游地区的铜料贸易中所占比重逐渐下降，殷墟统治者对中线及东线依赖日益严重，帝乙、帝辛统治时期对东夷人开展的长期的大规模的征伐，不排除与此有关的可能性。

综上所述，商代早期，以郑州商城为中心的商代统治者获取铜料很可能以直接开采为主，贸易、战争俘获和纳贡为辅，来源地应当包括晋南的中条山和长江中下游的铜绿山、铜岭，还有一部分可能来自辽西及内蒙古的牛河梁和大井。商代中期，随着商代政治中心的多次迁移及统治区域的收缩，长距离直接开采的可能性较小，而很可能以长途贸易为主，近距离开采为辅。殷墟时期，中条山地区的采矿可能仍在继续，但规模应该比较小；辽西及内蒙古的牛河梁和大井可能仍是商代统治者所需青铜原料的来源之一，获取方式可能以贸易为主，但其运输路径及重要性尚有待进一步研究；铜资源丰富的长江中下游地区虽然已不在商代统治范围之内，但其仍是商代统治者获取铜料的重要来源，只是获取方式由二里岗时期的直接开采转变为长途贸易。

这一时期的长途运输应以水路为主，陆路为辅。华北平原及江淮地区河网密布，黄河、淮河、长江等大江大河及其支流为水路或南北向，或东西向流动，极大便利了中原与北方、长江中下游地区之间的交通运输。河流沿岸地势相对平坦，也非常便于队伍、车马行进。

参考文献：

[1][6] 石璋如. 殷代的铸铜工艺[J]. 历史语言研究所集刊（二十六本），1955，（6）：95—128.

[2] 霍有光. 试探洛南红崖山古铜矿采冶地[J]. 考古与文物，1993，（1）：94.

[3] 魏国锋. 古代青铜器矿料来源与产地研究的新进展[D]. 合肥：中国科技大学，2007：27—28.

[4][5] 魏国锋. 古代青铜器矿料来源与产地研究的新进展[D].合肥：中国科技大学，2007：31、32、65.

[7][11] 彭子成，刘永刚，刘诗中，华觉明，等. 赣鄂豫地区商代青铜器和部分铜铅矿料来源的初探[J]. 自然科学史研究，1999，（3）：241—249.

南普恒，秦颖，李桃元，董亚巍，等. 湖北盘龙城出土部分商代青铜器铸造地的分析[J]. 文物，2008，（8）：77—82.

[8] 中国社会科学院考古研究所编著. 殷墟的发现与研究[M]. 北京：科学出版社，1994. 324.

[9][12] 刘莉，陈星灿，等.城：夏商时期对自然资源的控制问题[J]. 东南文化，2000，（3）：45—60.

[10] Robert Bagley, Shang Archaeology, Cambridge Ancient History of China, Cambridge University Press, 1999, p. 170.

[13] 彭明瀚. 吴城文化[M]. 北京：文物出版社，2005.

[14] 北京市文物管理处. 北京市平谷县发现商代墓葬[J]. 文物，1977，（11）：1—8.

[15] 李伯谦. 中国青铜文化的发展阶段及分区系统[J]. 华夏考古，1990，（2）：82—91.

[16] 李子春. 河北丰润卢各庄出土商代铜鼎[J]. 文物，2007，（4）：91.

[17] 林沄. 中国北方长城地带游牧文化带的形成过程[A]. 林沄学术文集（二）[C]. 北京：科学出版社，2008. 54.

[18] 彭邦炯. 试论商王武丁[J].中州学刊，1987，（3）：101—105.

陈旭. 商代战争的性质及其历史意义[J]. 史学月刊，1988，（1）：11—18.

孙亚冰. 殷墟甲骨文中所见方国研究[D]. 北京：中国社科院研究生院，2001.

[19] Robert Bagley, Shang Archaeology, Cambridge Ancient History of China, Cambridge University Press, 1999, p. 172.

[20] 中国社会科学院考古研究所安阳工作队.河南安阳市花园庄54号商代墓葬[J]. 考古，2004，（1）：7—19.

[21] 中国社会科学院考古研究所安阳工作队.殷墟大司空M303发掘报告[J]. 考古学报，2008，（3）：353—394.

[22] 中国社会科学院考古研究所.殷墟妇好墓[M]. 北京：文物出版社，1980. 100—101.

[23] Robert Bagley, Shang Archaeology, Cambridge Ancient History of China, Cambridge University Press, 1999，p. 209.

[24] 中国社会科学院考古研究所.殷墟妇好墓[M]. 北京：文物出版社，1980. 56—63.

[25] 刘一曼.殷墟新出牛尊小议——兼论衡阳出土的牺尊[J]. 考古，2009，（4）：52—57.

[26] 中国社会科学院考古研究所.中国考古学（夏商卷）[M]. 北京：中国社会科学出版社，2003. 191，192，261，262，310，311.

[27] Li Liu & Xingcan Chen,State Formation in Early China,Gerald Duckworth & Co.Ltd,2003,pp.50—54.

[28] 中国社会科学院考古研究所.中国考古学（夏商卷）[M]. 北京：中国社会科学出版社，2003. 198—200.

[29] 朱凤瀚.古代中国青铜器[M]. 天津：南开大学出版社，1995. 647.

[30] 信阳地区文管会，罗山县文化馆，等.河南罗山县莽张商代墓地第一次发掘简报[J]. 考古，1981，（2）：111—118.

河南省信阳地区文管会，河南省罗山县文化馆，等.罗山天湖商周墓地[J]. 考古学报，1986，（2）：153—197.

[31] 李雪山.商代封国方国及其制度研究[D]. 郑州：郑州大学博士学位论文，2001：102—103.

[32] 中国社会科学院考古研究所.中国考古学（夏商卷）[M]. 北京：中国社会科学出版社，2003. 201.

[33] 中国社会科学院考古研究所.中国考古学（夏商卷）[M]. 北京：中国社会科学出版社，2003. 263.

[34] 中国社会科学院考古研究所.中国考古学（夏商卷）[M]. 北京：中国社会科学出版社，2003. 313—318.

[35] 陈梦家.殷墟卜辞综述[M]. 北京：中华书局，1988. 301—310.

[36] 王爱民.商与东夷关系浅探[D]. 石家庄：河北师范大学，2006：29.

[37] 中国社会科学院考古研究所.中国考古学（夏商卷）[M]. 北京：中国社会科学出版社，2003. 516—517.

[38] 唐金裕，王寿芝，郭长江，等.陕西省城固县出土殷商铜器整理简报[J]. 考古，1980，（3）：211—218.

[39] Robert Bagley, Shang Archaeology, Cambridge Ancient History of China, Cambridge University Press, 1999,p. 180.

[40] Robert Bagley, Shang Archaeology, Cambridge Ancient History of China, Cambridge University Press, 1999,pp. 228—229.

[41] 朱凤瀚.古代中国青铜器[M]. 天津：南开大学出版社，1995. 666—668.

简析"车马过桥"与"轺车骖驾"

——重庆中国三峡博物馆藏羊子山汉墓画像砖中的两种轺车为例

叶　琳①

（重庆市文化遗产研究院，重庆渝中　400015）

摘　要： 本文以重庆中国三峡博物馆藏羊子山汉墓画像砖中的两种轺车为例，通过车架结构以及画面描述，对比两种车型的差异，并通过轺车溯源和同类型车比对，确认羊子山汉墓画像砖中的两种轺车形象更为准确的名称。

关键词： 车马过桥；轺车骖驾；重庆中国三峡博物馆；羊子山汉墓画像砖

《说文》记载："轺（音遥），小车也。"古代大车多指牛车，而小车就是指马车。刘熙《释名·释车》曰："轺，遥也，遥，远也，四向远望之车也。"这种车因驾马多少又区分为不同的类别：驾一马的叫"轺车"；驾两马的叫"轺传"；还有一种驾三马的，中马负轭而为双辕，两马居外又加强了挽力，则称为"轺车骖②驾"。

现藏于重庆中国三峡博物馆汉代雕塑艺术厅中，有非常出名的"羊子山汉墓"车马出行图画像砖一组。其中有两幅轺车极为传神，一为"车马过桥"，一为"轺车骖驾"。笔者在此就两车的异同作简要分析。

一、图像解析

1."车马过桥"。此画像砖为1953年成都羊子山2号汉墓群出土的"车骑仪仗出行"画像砖之一（图一）。长39.8厘米，高36厘米，厚5.1厘米。就画像砖画面而言：

画面上一座木构桥，桥上两侧设有桥栏，地栿③、蜀柱及横杆齐全。桥下有支柱四排、每排四柱，这与2013年十大考古新发现之一的陕西省汉长安城渭桥遗址残存基柱颇为相似。柱端横枋上架桥梁，再以木板铺设桥面，这种结构坚实紧密的梁柱桥具有较大负载耐震力，桥面接岸处略有转折，可能为方角转折梁桥。可见早在汉代，造桥技术就已很发达。

桥面上，二马牵引一驾四维有盖轺车过桥。车内乘驾二人，高冠长服。居车右者，笼袖而坐，为出行官吏；居车左者，手执辔头④为御者；车后一骑吏，身着交领宽袖服，紧随其后，应为导从。

牵车马首鞍具⑤清晰，辔头结构完整，似有节约串联马勒，但仅从侧面未能观察出是否有当卢模样；马颈部配有颈靻⑥，应为维系车轭⑦所用，但图中未有显示；马前胸部配有当

①叶琳，女，重庆市文化遗产研究院，馆员。

②许慎《说文》："骖，驾三马也。"骖，音cān，驾三匹马或古代驾在车前两侧的马。

③地栿，栿音fú，栏杆的拦板或房屋的墙面底部与地面相交处的长板。

④辔头，辔音pèi，意为驾驭牲口的嚼子和缰绳。

⑤鞍具，鞍音bèi，古代套车用的器具。

⑥颈靻，靻音dá，套在脖颈上柔软的皮革。

⑦车轭，轭音è，驾车时搁在牛马颈上的曲木。

胸,也做鞅[①],与鞙[②]带做结,应穿过马身系在车衡上,防止车辕上扬,但由于画面所限,车辕未见。马尾部鞧带[③]未见。

图一 "车马过桥"画像砖

车轼[④]较低下接车板,车軨[⑤]呈网格状,车輢[⑥]高于车轮,而且装有车轓[⑦],加之垂下四条维系车盖,故而图中轺车也可称为轓车[1]。正如河南荥阳苌村汉墓壁画中"皂盖朱左轓轺车"、"皂盖朱两轓轺车"的描述[2]。

汉早期仍延续秦制,双马牵车多为独辀[⑧]车,而由《后汉书·鲍永传》记载:"永乃拔赔到截马当胸乃止",以及类似的《左传》、《后汉书·周章传》中可知,当胸与双辕车的关系非同一般,而图中却是以双辕车的挽具配独辀车结构,应为两类车型过渡时期车舆用具。

同时,导从马上也完整配有马勒、节约、胸带、鞧带以及缰绳,并在马身侧面垂下有障泥,障泥前方应为骑乘者的腿部,未有明显的马镫痕迹,与时代相符。

总体而言,画面整体采用充满饱满张力的弧线条,紧扣形体与身形结构,简单传神地展现出马胸部与前臂肌肉的矫健:马身形整洁、马鬃齐整、马耳上立、马尾断鬃结尾,昂首阔步、迈步向前,前蹄高抬、落蹄沉稳,恰如现代马术竞技中的"盛装舞步"一般,颇具风姿。同时,结合平静下垂的鞶带[⑨],均表现出驾驭过桥时自古至今的要求:减速慢行。如此不但可以避免对路上行人及往来车辆造成不必要的惊扰,以及降低对木桥承载的考验,也是自身安全保障的一种体现。而让此画像砖名声鹊起的原因是上世纪50年代,中国邮政所发行的一组以画像砖拓片为内容的"特"字单枚邮票,此图案名列其中。

图二 1956年我国发行的第一套汉代图像砖邮票四校中的一枚

①鞅,音yāng,古代用马拉车时套在马颈上的皮套子,也作胸绊。
②鞙,音xiǎn,驾车时套在牲口腹部或背部的皮带,也作肚勒。
③鞧带,鞧音qiū,套车时拴在驾辕牲口屁股上的皮带子。
④车轼,轼音shì,古代车厢前面用作扶手的横木。
⑤车軨,軨音líng,古代车厢前面和左右两面的木栏。
⑥车輢,輢音yǐ,古代车厢两旁人可以倚靠的木板。
⑦车轓,轓音fān,古代车厢两旁翻出如耳的部分,用以障蔽尘泥。
⑧辀,音zhōu,车辕。
⑨鞶带,鞶音fān,车篷上的带子。

2. "辎车骖驾"。此画像砖为1953年成都羊子山汉墓群1号墓出土的"车骑仪仗出行"画像砖之一（图三）。长45.6厘米，高38.5厘米，厚5厘米。

图三 "辎车骖驾"画像砖

画面中三马驾一有盖辎车，车盖佩有五对軎带，前有悬结。《后汉书·舆服志》有载："二千石以上右騑①，三百石以上皂（皂）布盖，千石以上皂缯覆盖，二百石以下白布盖，皆有四维杠衣。"

车轸高于车轮，并装有明显的左右两侧车轓，也如河南荥阳苌村汉墓壁画中"皂盖朱两轓辎车"的描述[3]，应作为屏泥所用。车轼较矮，下接屏泥延至车軓②。

三马各自辔头齐全，马头似有节约串联马勒，但未能观察出是否有当卢模样；马颈部似配有颈靼，但仅中马负轭，由此可判断此为双辕，为牵引全车中心力量，中马即为服马。两马居外，以加强勉力，应为骖马。三马胸部配有鞅，延伸至轙带，皆断鬃结尾，其中一马回顾。

车乘二人，均头戴高冠，身着交领服；左一人执辔驾马为御者，右一人为吏人。

总体而言，画面不但采用充满饱满张力的弧线条，简单传神地展现出马胸部与前臂肌肉的矫健，更通过马腿腾空飞跃，并与车架行程略微的上扬角度和軎带随风后摆的状态，表现出策马疾驰之感。特别是骖马回顾之状，颇有催马快行瞬间的动感。此砖风格与"车马过桥"大相径庭，三马前蹄后脚蹬踏飞扬，恰似腾空而起。如果说"车马过桥"表现的是马的矫健和沉稳，那么"辎车骖驾"则展现的是飞驰的景象。

二、辎车来源及用途

《晋书·舆服志》记载："辎车，古之时军车也。"所谓军车，即中国古代在战争中用于攻守的畜力牵引车辆。具体功用上也有攻车直接对敌作战、守车屯守并载运辎重之分。一般文献中习惯将攻车称为战车，或称兵车、革车、武车、轻车和长毂③。

自商代经西周至春秋，战车一直是军队的主要装备，车战是主要作战方式。春秋时期，一车御四马被称为"一乘"，军力强国被称为"千乘之国"，由此，车马则成了国家实力强弱的象征。而赵武灵王"胡服骑射"经过战国时期与游牧民族激战的倡导，战车逐渐被更加灵活机动的骑兵所淡化。

直至汉武帝时为炫耀帝国的显赫，不仅革新改造了各种兵车，而且大量制作宫廷和官府用车，严格规定了车舆的使用管理权限，在用途和尺寸等方面均有了较细、较明确的分类。由此，马车由汉初显示国力、军力的用具，发展到汉中期成了财富、地位的象征。由此也可容易理解为了追求鲜车怒马、车辚马啸的威

---

①騑，音fēi，驾在车辕两旁的马。
②车軓，軓音fàn，古代车厢前面的挡板。
③毂，音gǔ，车轮中心，有洞可以插轴的部分，借指车轮或车。

严，汉代官吏、豪商在墓里建造刻画车马以彰显自己生前享有的权势、财富，所以，车骑出行是最流行的题材。不过，在汉画像石上出现的车辆，并不能简单地认为乘车官吏即为墓主人写照。

这是由于轺车的车舆简洁紧凑，自重轻，以及可以将伞盖撤除以利疾驰等特点，自西周起作为邮驿车递专用的传车使用。而传车属于高速车，易损毁，古代养马、造车代价高昂，所以传车不但限制使用，还要统一车型，以利更换部件。清代车万育撰写的训练儿童应对、掌握声韵格律的启蒙读物《声律启蒙》中也有"轺车对驿骑"的对应词句，说明轺车与邮驿的关系十分紧密。

但是，正如明代杨慎《升庵经说·置邮传命》所载："汉制，四马高足为置传，皆君与大夫所乘。其行安舒，故不得不迟。"传车虽为通用的车型，而四马高足①方为大夫所乘，一马二马的"轺传"才是中下级官吏外出公干的座驾。

三、与近似车型辨析

1.与安车相别

安车，以《释名》所释："安车，盖卑，坐乘。"多为供年老的高级官员及贵妇人乘用，高官告老还乡或征召有重望的人，亦往往赐乘安车。安车多用一马，礼尊者则用四马。《周礼·春官·巾车》："安车，彫面鹥总，皆有容盖。"郑玄注："安车，坐乘车。凡妇人车皆坐乘。"《汉书·张禹传》："为相六岁，鸿嘉元年，以老病乞骸骨，上加优再三乃听许。赐安车驷马，黄金百斤，罢就第。"

秦以前轺车直接借鉴冲杀所用兵车，故

而多以立乘，汉时因车轼抬升，空间扩大改为坐乘，一车坐二人，御者与乘者分居左右，形制与安车相仿。但"车马过桥"与"轺车骖驾"中的车马驾驭用马数量不同，而且正如《盐铁论·论儒篇》所说："故轺车良马无以驰之。"轺车以快速为特点，多表现为飞驰之状，而非舒适之意。这也与《汉书·平帝纪》所载"四辅、公卿、大夫、博士、郎、吏家属皆以礼娶，并迎立轺并马"不同，"礼娶立轺"应为气宇轩昂之态，也非"轺传"之意。

2.与輧车相仿

輧车，也称加幡轺车，即轺车加一对车耳，车厢两边可加翻折的挡板，最初用以障蔽尘泥为目的，后引申为身份和地位的象征。《后汉书·舆服志上》："景帝中元五年，始诏六百石以上施车輧。"正如河南荥阳苌村汉墓壁画中"皂盖朱左輧轺车"、"皂盖朱两輧轺车"的描述，俸禄二千石的官吏，一对车耳均为红色，而六百石至千石的官吏，则只在左车耳上涂有红色。

而"车马过桥"与"轺车骖驾"中的车驾都有明显的车輧部件存在。但"车马过桥"中仅可看到右车耳，是否有左车耳还不能绝对判定。不过"轺车骖驾"的左右车耳都比较齐全。因此，"车马过桥"与"轺车骖驾"皆应为輧车模样。

四、结论

"车马过桥"与"轺车骖驾"应为輧车，或称加幡轺车，较之以往轺车更为高级，并非一般邮驿车递的轺传，这也与原画像石"车骑仪仗出行"主题相符合。特别是配有一对车耳

---

①汉代驿传制度根据官职高低分等级。四马高足称"置传"，大夫以上用。四马中足称"驰传"，用中等马；四马下足称"乘传"，用下等马。

的配置，说明描绘主人公应为俸禄二千石的中高级官吏，也为墓主人的身份定位提供了佐证。

参考文献：

[1]孙机. 汉代物质文化资料图说[M].文物出版社，1991：90.

[2]李昌韬，王彦民，陈万卿.河南荥阳苌村汉代壁画墓调查[J]文物，1996（3）：18—27.

[3]李昌韬，王彦民，陈万卿.河南荥阳苌村汉代壁画墓调查[J]文物，1996（3）：18—27.

宋元时期夔州路鼎山县置废考①

张　赢②

（西南大学历史地理研究所，重庆北碚　400715）

摘　要：据史料记载宋元时期曾设有鼎山县，但由于宋元正史及方志文献中对于鼎山县的废置内容或无记录，或记述内容不清，导致后世对于鼎山县废置问题未有明确的认识。综合史料分析可知，宋元时期曾设有两个鼎山县，一是在今江津县，是北宋初年为弥补省并万寿县的管理真空，析江津县而置，未久即废；另一为南宋时于原播州地设置，隶于南平军，元初又改鼎山县为播川县，复隶属播州。

关键词：宋元时期；鼎山县；江津县；播州

五代至宋元时期，政区建置改动较为频繁，有些史料未及详细记载，对于夔州路曾设鼎山县这一问题，由于当时史料记载不详，加之后世地方志文献记载多有出入，因而对鼎山县的废置时间、统辖范围等内容都没有清楚认识，综合各类史料分析，可知宋元设置鼎山县有二：一位于今重庆江津县，另一在贵州桐梓县（宋元时期属夔州路）。由于两鼎山县作为县级政区，建置级别相对较低，存在时间短暂，相关史料对两县的详细介绍较少，因而未引起学者的关注，致使当前对于两鼎山县的废置问题研究较少。

一、江津地区鼎山县的废置

江津县有鼎山，宋代曾在鼎山附近设置鼎山县，对于江津地区鼎山县废置问题，迄今可见到的较早史料应是明天顺年间成书的《大明一统志》中"鼎山"条中所载"鼎山在江津县治南，宋因置鼎山县，后废"[1]。此后的多数文献中直接引用了这种观点。而清代乾隆《江津县志》载"鼎山故县"条称"宋置旋废，在县南"，而在同书中的"鼎山"条中有"鼎山在县南一里，形如鼎，南宋置鼎山县，后废"[2]。这些文献中所称的鼎山位于"县南"或"县南一里"之县应为对应明清时期江津县治位置而言的。对鼎山县的废置时间有确切记载的当为民国《江津县志》沿革一条中所载"宋乾德五年，移县治马鬃镇，析置鼎山县，未几废，元复今治"[3]。综合上述史料，有关江津地区鼎山县的废置时间有"宋置旋废"说；"乾德五年置，未几废"说；"南宋置，后废"说三种观点。

（一）北宋以前江津县的沿革状况

江津古为巴地，后来秦灭巴国设巴郡，辖江州一县，郡、县同治江州，秦汉因之。当时的江州县统辖范围大致包括了巴县、江津、永川、璧山、铜梁等今重庆西部的大部分地区。至三国两晋南北朝时期，伴随巴蜀地区所属政

---

①本文系教育部哲学社会科学研究重大课题攻关项目"长江三峡地区历史地图再现研究"（项目号07JZD0039）子课题"重庆历史地图集"的部分内容。
②张赢，男，西南大学历史地理研究所硕士研究生。

权的不断易手，巴地的政权归属不定，各州、郡、县级行政区划频繁调整，或为郡、县，州、县二层等级；或为州、郡、县三层等地，"时州郡杂糅，无所统纪"，区划较为混乱①。对于江州等县级政区建置沿革问题，更是复杂难辨，虽然相关史料记载较多，但说法不一。

成书于唐宋两代地理总志《元和郡县志》与《太平寰宇记》中有关于江津县的记载中都有"周改为江阳县，隋开皇三年改为江津县，属渝州"，"南齐永明五年，江州县自郡城移理僰溪口，即今理是也。后周闵帝元年于理县置七门郡，领江州一县，寻改江州为江阳县，隋开皇三年罢郡，移县入废郡理，其年改江阳为江津县，以斯地在江之津为名"②的说法。从这两条史料来看，南齐时江州县治开始与郡治分离，移县治的原因是南齐时改江州县为垫江县，又移江州县治于原垫江县治所在的僰溪口③。至北周时期拓定巴境，增置七门郡，江州县改归七门郡统辖，其后又改江州为江阳。至隋开皇三年罢七门郡，江阳县隶属于渝州，并移县治于七门郡旧治。同年以"斯地在江之津"将江阳县改名为江津县。

对于七门郡设置与江州县改名的具体时间，《隋书》中"江津"条载："西魏改为江阳，置七门郡，开皇初郡废，十八年县改名焉。"《舆地广记》中对江津县的描述中也称："西魏改江阳，立七门郡，隋开皇初郡废，县属渝州，十八年改县曰江津。"在《蜀中广记·蜀郡县古今通释》中对此的记载为"地居江之津也，南齐移江州县于僰溪口即此，西魏曰江阳，后周又增置七门郡，改阳为津自隋始"。从而看出七门郡为西魏时所设，至隋初废，江阳改名为江津县则是在开皇十八年，而非在开皇三年。王仲荦在其《北周地理志》中有七门郡"北周置"的说法[4]。又《蜀中广记》中引《周地图记》的记载称："七门郡置在僰口，今之七门滩也。"《周地图记》成书于北周时期，因而可见七门郡当置于北周或其前。据《隋书·元善传》中有"周武帝赐（元善）爵江阳县公"的记载，江州改名江阳县亦在北周或此之前。

迁移县治后的江州县地处僰溪口，僰溪即今之綦江，其源"自夜郎溪，曰綦河、曰南江"，至江津县"南四十里，北流入大江"[5]，因地处僰溪入江处，因而谓之僰溪口，此处今有顺江镇。自南齐从萧齐至宋初，县治一直设

①据《隋书·地理志》巴郡条"梁置楚州，开皇初改曰渝州"与《元和郡县志》中"渝州"条，"梁武陵王萧纪于巴郡置楚州，后周改为巴州，周闵帝又改为楚州，隋开皇九年改为渝州"，都云梁改巴郡为楚州，隋初改为渝州。而《周书·王谦传》中有"时谦令司录贺若昂奉表诣阙，昂还具陈京师事势，谦以世受国恩将图匡复，遂举兵署官司所管益、潼、新、始、龙、邛、青、泸、戎、宁、汶、陵、遂、合、楚、资、眉、普十八州及嘉、渝、临、渠、蓬、隆、通、兴、武、庸十州之人多从之"的记载，当为渝、楚二州同时存在，王仲荦在《北周地理志》中称："周既灭齐，既有青齐之青州，又有剑南之青州，既有淮南之楚州，又有剑南之楚州"，后来修史者不知渝州即楚州，嘉州即青州。主要为侨郡县导致了州名混乱，至隋末隋初全国统一之际不得不改。又《元和郡县志》所载"后周设巴州，周闵帝又改为楚州"问题，据《周书·崔猷传》中"及太祖崩，始、利、沙、兴州阻兵为逆，信、合、开、楚四州亦叛，唯梁州境内民无二心"与《周书·陆腾传》称，"天和初……涪陵郡守蔺休祖又据楚、向、临、容、开、信等州，地方二千余里，阻兵为乱，复诏腾讨之"的记载，至后周太祖末年楚州未见改名为巴州，闵帝天和初仍名楚州。

②《太平寰宇记》卷一百三十六《山南西道·渝州》（中华书局，2001年版）中作"江州县自郡城移理楚汉口，即今理是也"。而四库全书版作"江州县自郡城移理楚汉口，即今理是也"，"楚汉口"疑为"僰溪口"的误写。又《元和郡县志》卷三十一《南州》载"周闵帝拓定巴境，以江州置七州郡"，疑七州郡为七门郡之误。

③垫江县：原属巴郡，理僰溪口，与东宕渠郡之垫江县异地同名。《元和郡县志》中"巴县"条称本属江州县地，南齐时改为垫江县。至周武成二年，改垫江县为巴县。

置于此。而在《四川省江津县地名录》中称，江津县治在北周时从僰溪口移于几江半岛，几江为长江干流流经江津县治北部的一段，"几江"一名取"绕县治如几字"之意，自北周到宋初，江津县治即在几江南岸。此种说法可能引用了《蜀中广记》中江津县条"南齐时为江州县理。《寰宇记》所称僰溪口矣，今呼南溪，溪源在县东南，合岷江绕治如几，亦名几水"的记载，正因两江同名，《地名录》误将亦名几水的僰溪看作环绕几江半岛的长江几江段，导致了对江津县治迁移状况的错误认识。

隋代鉴于魏晋南北朝时期的州郡杂乱局面，在开皇九年"悉罢天下诸郡"，实行以州统县，开皇初改楚州为渝州，后改江阳县为江津县，江津县名自此开始①。至唐初武德三年，析江津县地置万春县，武德五年，改万春县名为万寿，属渝州。万寿县城址在"东至州三百八十里"，距县西一百六十里汉东驿（今永川县朱家沱），清代时仍有城基砌石尚存②。自此原江津县一分为二：江津县在东，统辖区域包括江津大部及东北部津巴交界地区；万寿县在西，统辖今永川大部及其与江津西部交界之地。

从以上史料来看，在南北朝至隋唐时期不论是江州迁移县治、七门郡的建立还是万寿县的设置，都表现出州郡一级高层政区的逐渐分化，县级政区数量的增加。在原属江州一县的统辖范围内，开始有垫江县、巴县与江州县同

时并存，江州县统辖范围逐渐缩小。其后又有万寿县的析置，使得今江津县的政区范围基本形成。

（二）北宋江津县移治与鼎山县的设置

1.北宋移治与区位选择

据《宋史》所载，北宋初年，对江津县的建置确进行了变更，最为突出的是江津县治的迁移和万寿县的省并。乾德五年，"移治马鬃镇"[6]，北宋初年迁江津县治于马鬃镇的原因是在乾德五年，省万寿县隶江津③。万寿县并入江津县后，江津县辖境向西扩展，原处于

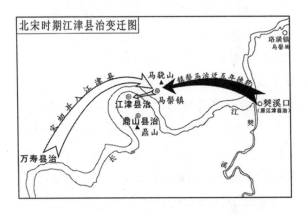

北宋时期江津县治变迁图

僰溪口的江津县治距离万寿废县统辖的地区较远，因而原属万寿县管辖的地区表现出统治力量的真空，为了加强对这些地区的控制，迁治于距原万寿县较近的地区，因而地处两旧县治之间的马鬃镇就成为了设置新县治的首选之地，这样既避免了统治权力的真空，又可保证新迁县治将万寿废县的辖地和处僰溪口的原县治统辖区同时兼顾。

①对于改楚州为渝州及改江阳县名为江津的问题，《隋书·地理志》中巴郡条"梁置楚州，开皇初改曰渝州"，又江津县条"旧曰江阳县，西魏改为江阳，置七门郡。开皇初郡废，十八年县改名焉"。《元和郡县志》载江津县"周改为江阳县，隋开皇三年改为江津县，属渝州"与同书中"隋开皇九年改楚州为渝州，因渝水为名"相矛盾。《太平寰宇记》也有"隋开皇三年罢郡，移县入废郡理，其年改江阳为江津县，以斯地在江之津为名"的记载。由此王仲荦考证隋时改楚州为渝州在开皇元年，"九年为元年之误"。

②道光《重庆府志》卷二《舆地志·古迹》中有关万寿废县的记载："地在汉东驿，即今五福镇，朱家沱城基砌石尚存，居民掘土得碑碣'万寿'二字，隐隐可辨。"

③《宋会要辑稿》卷一万四千一百八十九《方域七》载，万寿县为"乾德五年废，隶江津县"。

江津县内以马騣为名的山川、城镇较多，宋初移治马騣镇的具体位置并不明确，综合不同时期的县志中所载马騣镇位置有五处：一为珞璜市的马騣场，二为马骁山，三为马騣嘴，四为固圉山，五为固城山。从这些地方的位置与周边环境来看，江津县珞璜市的马騣场在距县东六十里，因其地处乱山中，"石脊陡仄，且与巴县地界犬牙相错，决非县治所宜"，因而史料中对马騣场建治说加以否定①。移治马騣嘴与固圉山的说法，皆出自清代道光《重庆府志》中考"宋乾德五年，移治马騣山，今江巴交界之固圉山也"。固圉山在"县南八十五里，即马騣嘴，坐山巴江交界处，城址即江津故治"，但在同一府志中"固城山"条又载：固城山在"县东南二十里，长一里，四面岩堑，固若城郭，……固城山即为马騣嘴"[7]。固城山与固圉山并非同一地点，所以在同一府志对马騣嘴在何地说法多有冲突。马騣嘴当在江津县东与巴县交界之地，即珞璜市之马騣场，因马宗场地像马騣，故又名马騣嘴，习写为马宗，1958年时曾在此成立马宗公社，驻地在马宗场[8]。由于马騣场地处低山丘陵，且地理位置过于偏僻，距原万寿废县地较原江津县治所在之僰溪口更远，不利于对全县事务加以掌控，因而更可证移治此处不是最佳选择。

清代光绪《江津县志》与民国《江津县志》都称今县城隔江东（《读史方舆纪要》中记为在县治北）一里许有马骁山，宋骁骑将军

马邈葬此，故名马骁山，亦名马騣山，"与古七门郡治、今县治地皆毗连，宋时所移之马騣镇或即在此"②，据邓少琴考证，移治于马騣镇即今江津长江北岸中渡街处高峙之马騣岭，镇以山名[9]。这一地区主要为浅丘及长江冲积平坝，中渡街是以早年曾设有渡口，来往行人络绎不绝，形成街道而得名。由此可见马骁山周边地区有适于建立县治的地形条件。在此次移治以后，江津县治可能才逐渐发展并扩展至几江半岛之上，形成后来的江津县城雏形。

2.北宋鼎山县的废置状况

北宋平蜀之后，为了加强对巴蜀地区的控制，对这一地区州县进行变更，不仅在高层政区上改前代州郡为路，对县级政区也多有更改。宋乾德五年时省万寿并入江津，江津县统辖范围再次扩大至隋之前的区域。移治是为了填补废县的权力空白，但是仅凭县治移动并不能达到管辖权力在各辖区的充分发挥，不可避免地会造成厚此薄彼，移县治是为了加强对北部地区的管辖力度，而原县治所在的南部地区管理则出现减弱，尤其是横贯县境东西的长江成为了权力运行和南北交流的重大障碍，因而本着"山川形便"的原则，在长江以南的鼎山附近析置鼎山县。鼎山位于"县治南一里"，鼎山县因山而名。通过上述论述，马騣镇即位于今县城隔江东一里的马骁山附近。长江与鼎山成为了两县的天然分界线，江津县管辖长江以北的县内事务，鼎山县则下辖长江以南的县境范围，确保对长江南北两岸的管辖力度的平

---

① 光绪《江津县志》卷二《地舆志》考"《宋志》：乾德五年移县治于马騣镇，至今因之。按县东六十里有马騣场，其地在乱山中，石脊陡仄，且与巴县地界犬牙相错，决非县治所宜"。民国《江津县志》卷一《地理志》中有"马骁山亦名马騣山，在县东南临江一里，与旧志县西四十里之马騣嘴及今县治皆相毗连，若珞璜市之马騣场，其地在山脊上，非平坦可设县之所据此，宋乾德之移治马騣镇，当在今马骁山，为西魏七门古郡废地，绝非珞璜市之马騣镇也"。

② 光绪《江津县志》卷二《地舆志》引《旧志》谓："今县城东里许有马骁山，一名马騣山，与古七门郡治、今县治地皆毗连，宋时所移之马騣镇或即在此。"

衡。

伴随着北宋王朝对四川地区控制的加强与统治秩序的稳定，无须在较小范围内设置过多的州县进行管辖，因而省鼎山县入江津，为了确保县治对原来两县范围的有效控制，即采取措施，将江津县与鼎山县合并为一县，并移县治于几江半岛之上，而鼎山县具体的省并时间则是在移治几江半岛之前。史书未记载的原因则很可能是因为鼎山县自析置到省较为仓促，在宋代三百余年的历史中存在时间相对短暂，且在鼎山县存在之时段内并无大事发生，元代修撰史书之人极易忘却，可能在《宋史·地理志》中对鼎山县废置忽略，故而"正史不载"[10]。

由于以鼎山为名的山川较多，今贵州桐梓县亦有山名为鼎山，在宋元时期在亦有鼎山县在此设置，因而对于鼎山县下辖范围，还有另外一种观点，鼎山县当时管辖的区域很大。不仅包括江津县内长江以南地区，还辖有当时原属于播州的播川县（今贵州的桐梓县，宋元时期属四川地区）等，但从两鼎山和鼎山县大致位置看，两鼎山县显然不是指同一县治，废置亦有先后，由于县名相同，且都位于江津县及其周边县内，两县距离较近，加之这一地区州县变更在宋元时期较为频繁，所以两鼎山县极易混淆，从而导致后世对江津地区鼎山县废置问题的认识不清，出现了明清以来对于这一问题的多种解释。

二、桐梓地区鼎山县废置探讨

宋元时期，在播州（今桐梓地区）曾有县名鼎山，因县东南十里有鼎山，县以山为名。《元史》卷十载："（元至元十六年）改播州鼎山县为播川县。"对于播州地区鼎山县废置时间的探讨，因相关文献记载较为模糊，关于其何时设立，"向来无得其源"。综合史料分析，有四种观点：一为北宋宣和年间置，元废说；二为南宋宝祐年间置，元废说；三为南宋置，明初废；四为元置寻废说。

（一）宋元时期播州建置变迁

播州本属"西南夷境"，秦汉时期属夜郎之地，而隋唐以后"或置溱州，或改播州，或称珍州，兴废不常，旋设旋罢"，也造成了对这一地区建置沿革的认识不清。据《府志》所载播川之名始于唐，唐宋两代名播州者有三处①。唐时南诏攻陷播州，僖宗乾符三年，太原杨端入白锦堡收复播州，唐朝遂使领之，五代以来世袭其职，传至七世杨文贵与其叔光荣分据其地，时播州统辖范围西北达今仁怀、习水，北至桐梓，东北至于正安、务川一带。杨光荣据播州，杨文贵据遵义。杨光荣与其弟文瀚不和，"光荣势弱，欲倚汉界为重"②。哲宗绍圣四年曾下诏泸南安抚司、南平军不得擅诱播州杨光荣献纳疆土，同年十二月方允许其内附③。大观二年，杨光荣以地内属，诏以地建播州，领播川、琅川、带水三县，治在白锦

---

①清人赵旭考证：贞观十七年曾置播川镇，后以镇为珍州，此一播川也；大观元年建播州，其所领之播川县即州治，此又一播川也；宣和六年，改废播州城为播川县，此又一播川也。三播川非一地，唐置镇所在不得而知，其大观所建为州治者，在白锦堡。宣和所改之播川在桐梓地，后改为鼎山者是也。

②《宋会要辑稿》卷四千二百六十《蕃夷五》中称：绍圣四年五月二十八日，泸南讼边安抚司言蕃官播夷界督巡检杨光荣与弟文瀚不和，光荣势弱，欲倚汉界为重，乞以播州东南北分作两面，并权充督巡检。杨光荣、杨文瀚仍望以检校祭酒名目降告施行，从之。仍各与带银青光禄大夫，检校国子祭酒，兼监察御史，武骑尉。

③《宋史》卷十八："（绍圣四年）丁卯诏泸南安抚司、南平军毋擅诱杨光荣献纳播州疆土。"同年（十二月乙酉）"于阗西南蕃罗氏入贡，播州夷杨光荣等内附"。

堡①，宣和三年废播州及三县，以播州并播川县改置播州城，播州城在南平军正南三百八十里；杨文贵部于大观二年亦纳土，宋以其地置遵义军，领遵义县，宣和三年废军及县，以遵义寨为名，隶属珍州，治在遵义②。其后，宣和三年播州城又有多次变动：至南宋端平三年复以白锦堡为播州，三县仍废。嘉熙三年复设播州，充安抚使。在端平三年至嘉熙三年之间的六年时间里，曾两次设置播州，而这期间播州城废置状况并不清楚。据后世方志文献考证，宣和六年时以播州城为播川县。端平三年时，迁播川县治于白锦堡，此时的白锦堡已由今桐梓县迁至穆家川（今遵义境内）。至嘉熙三年复废播州城与遵义寨，重设播州，以播川县为州治，自此播州治一直固定于今遵义县内，仍属南平军统辖③。

（二）播州鼎山县废置状况

《元史》载，至元十五年，从播州安抚杨邦宪请以鼎山仍隶播州。至元十六年，改播州鼎山县为播川县④。除此之外，正史中再无有关设置鼎山县的记载，鼎山县为何时而置呢。道光《遵义府志》中"鼎山废县"条中有"在桐梓城南十里。元置，后废，城门尚存石榜，镌'宝祐戊午'四字"。城门上刻有宝祐年号，宝祐为南宋理宗年号，城池当为南宋理宗宝祐六年建，鼎山县当在此不久之前或同年所置。根据古代严格的筑城原则，除在军事显要位置筑城之外，县级地区只在县治所在地修筑城池，如元时置县，鼎山县设县晚于筑城显然是不符合实际的。又按在《大清一统志》中有关鼎山县记载："在桐梓县南，宋宝祐五年析南川县置"，鼎山县为宝祐五年析南川县置，城池为置县的第二年所建。因而鼎山县当置于宝祐五到六年最为准确。播州自宣和三年废为城，其后又经历多次变动，但一直隶属南平军。因而才有了至元十五年时鼎山县重新归属播州统辖的说法。

对于播川县到鼎山县以何种方式进行变

①白锦堡：《舆地纪胜》中称"去南平军三百里，系纳土官杨光荣子孙世袭守之"。明代宋濂《文宪集》载："光荣籍播州二县地千七百里，往献于朝，诏即其地建白锦堡，加光荣礼宾使。"又《宋史》中有"端平三年复以白绵堡为播州，三县仍废"。据《大清一统志》中"白绵、白锦字相似而误"。

②对于原播州的播川与遵义两地的内属与建置问题，在《宋史·本纪》与《地理志》中多有抵牾，《宋史·徽宗本纪》载：（大观三年）二月丙子，朔，播州杨文贵纳土，以其地置遵义军。而《地理志》"珍州"条有：大观二年，播州杨文贵献其地，建遵义军及遵义县。宣和三年废州及县以遵义寨为名，隶珍州。又"播州乐源郡"条中：大观二年，南平夷人杨文贵等献其地建为州，领播川、琅川、带水三县，宣和三年废为城隶南平军。从以上史料中看，播州杨文贵部其内属之后宋以其地设遵义军，领遵义县，而"播州乐源郡"一条记载的三县中却无此县。再"珍州"条中既然杨文贵献地建遵义军，何来宣和三年时废州一说，又有废为寨隶属珍州和废为城隶属南平军两种观点，造成这种混乱观点的主要可能是由于修史者将两处播州地内属及建置状况混淆所致。又《舆地广记》中载：唐衰，播州为杨氏两族所分据，一据播川，一据遵义，以仁江水为界。其后，据播川者曰光荣，得唐所给州铜牌；据遵义者曰文贵，得州铜印。皇朝大观二年，两族各献其地，皆自以为播州。议者以光荣为族长，重违其意，乃以播川立州，遵义立军焉。因而大观二年内附置播州者，当为杨光荣所据播州之地，领播川、琅川、带水三县，宣和三年废州为城，隶属南平军；而杨文贵所据播州当在大观二年置播州之后不久纳土，置遵义军与遵义县，宣和三年废为寨，隶属珍州。

③道光《遵义府志》："宣和六年，改废播州城为播川县。"民国《桐梓县志》、《续遵义府志》中引清人赵旭考："播州城盖置在桐梓，六年以播州城为播川县，端平三年复以白锦堡为播川县，嘉熙三年复设播州，即播川县为州治。宝祐六年复以宣和中所置播川县地为鼎山县，元至元十六年改鼎山为播川，元末县废。"

④《元史·世祖本纪》载："（世祖至元十五年十二月）从播州安抚杨邦宪请以鼎山仍隶播州。"至元十六年春正月，"改播州鼎山县为播川县"。

更，亦有改名和设置两种说法，一为鼎山县在宋宝祐五年析南川县置①。就南川县在宋元时期的建置沿革来看，"皇祐五年，以南州置南川县。熙宁七年，以南川县隶南平军"。其后，省南川县入隆化，在元丰元年复置。宋元时期的南平军下辖范围包括了今綦江、南川等重庆南部地区，在北宋宣和年间，原属播州的播川县也辖于南平军，因而北宋末年到南宋时期的南平军统辖地区较为广泛。这一时期的南川县在西南方向六十里与桐梓相邻，鼎山在桐梓县东南十里，鼎山县因山得名，鼎山旧县治在桐梓县城东南十里，而距南川县则更远，因而不可能为析南川县而置，只与南川县同隶属于南平军。

二为鼎山县在宝祐年间，以大观二年播川县地为鼎山县。在民国《桐梓县志》中考"宣和所改之播川在桐梓附近三里，至今人称旧城，后改迁鼎山者是已"。从而可以看出可能是先移播川县治于鼎山附近，其后又改县名为鼎山，至元十六年时重改鼎山为播川，县名虽改，但县治可能仍在鼎山。据载鼎山附近有鼎山寨，"有元以来，悉归播州，后遂无流官，大抵长官等所处也"②。至明初洪武初年，废县置桐梓驿，属播州宣慰司，桐梓之名由此而来。此时鼎山县即被废弃，不再为县治所在地。万历二十九年平定播州杨应龙之乱后始改驿置县于"旧夜郎县望草地"[11]，隶属遵义府，后因之。

从上述论述和文献记载的城墙榜文上看，播州地区置鼎山县城当建于南宋理宗宝祐六年，因而鼎山县的设置应在城池修建之前，大致在宝祐五六年。鼎山县承袭了原大观二年所置播川县的范围，辖今桐梓县南部地区。因这一地区主要为少数民族杨氏的势力范围之内，因而在南宋末年，伴随着蒙元的南下占领云贵地区，四川南部一线已成危局，南宋王朝对这一地区的重视力度提高，因而促使南宋联合播州僚兵共抗元军，所以此时的政区建置可能与这一时代背景有关。正是因为播州属于少数民族直接控制下，有些州县的废置决定之权多出于土族酋长，不会上报给中央王朝，有些县仅徒有虚名，有些则为省废不定，因而当时其他地区之人对少数民族地区的行政区划亦难知晓，如播州杨氏在宋元之际势力扩大，朝廷将州县大事全交土酋大族处置，因而导致在这些地区在州县废置问题上"县置亦徒有虚名，县废亦依然"，国家都无从知晓③。而在南宋与蒙元交兵中，播州土族投降于元，为蒙元平定四川提供了条件，土酋杨氏也因而得到元政府的信任与优待，所以在至元十五年时，杨邦宪提出将鼎山县重新纳入播州。次年，鼎山县即复改播川县，仍隶播州。

三、结语

从宋元时期两鼎山县废置状况来看，两县设置基本是在王朝交替或政局不稳定的前提下

①《大清一统志》中"鼎山废县"记载："在桐梓县南，宋宝祐五年析南川县置，属南平军，后废。"
②民国《续遵义府志》卷二《城池》载，"鼎山附近有鼎山寨：距城东南十二里，即鼎山县旧治，周五百丈，广五十六丈，袤二百二十丈，崇二三十丈，石壁巉巉面北二十余丈，斜石砌成，迤逦一律，有元以来，悉归播州，后遂无流官，大抵长官等所处也。同治元年时发逆漫入，远迩人民相约居此上下者千万，贼不敢正觑，贼去后犹有百余家居其上，惟四面有哆口石，缘石缝可以猱升"。可见，鼎山寨在清末时仍作为重要的军事战略要地。
③播州地区在宋代之时，为羁縻之地，杨氏土豪大族长期控制此地，境内各县废立多决定于土豪势力，故在民国《桐梓县志》中载："《元史》所列诸等处，当即始于宋元之间即分立等处，诸名则旧时所谓县者虽未经朝廷诏废，自无需此名如元所改之播川县，其何时而废，史传亦无明文非亦在革代之际去之乎"。

对地区建置进行的变动，目的多是为了改革前代在地区行政建置上的缺失，或是在一定程度上为了脱离旧有的行政建置框架。政区变更的形式亦是多样的，江津地区鼎山县的设置是在宋初省万寿县于江津并移原江津县治于马鬃镇的基础上，为弥补移治之后的权力空白，加强对初定地区的控制而专门设置，统治秩序一旦稳定，在较小区域内设置多个县治则显得没有必要；桐梓地区鼎山县则是在南宋末年迁播川县治于鼎山附近的前提下，再改县名为鼎山县并改隶南平军。至元代则鼎山又隶播州，重新改名为播川县，在废置过程中受土酋大族势力的影响明显。通过对两鼎山县问题的探讨，可知众多正史不载或记载不详的州县，大都存在废置时间上的短暂性、设置目的上的复杂性、统属关系上的多变性等特点。

参考文献：

[1][明]李贤.大明一统志·重庆府（卷六十九）[M].影印天顺五年司礼监刻本.

[2]江津县志·地理志（卷二）[M].乾隆三十三年刻本，影印嘉庆九年重镌本.

[3]江津县志·地理志（卷一）[M].影印民国十三年刻本.

[4]王仲荦.北周地理志·剑南（卷三）[M].北京：中华书局，1980：301—303.

[5]太平寰宇记·山南西道（卷一百三十六）[M].北京：中华书局，2001：2662.

[6][元]脱脱.宋史·夔州路（卷八十九）[M].北京：中华书局，1983：2228.

[7]重庆府志·舆地志（卷一）.影印道光二十三年刻本.本文转引自蓝勇.稀见重庆地方文献汇点（下）[M].重庆大学出版社，2014：452.

[8]四川省江津县地名录[M].四川省江津县地名录领导小组编印.1987：343.

[9]邓少琴.江津古城及新石器遗址之探索发现[A].江津文史资料选辑第1辑.

[10] [清]顾祖禹著，施和金点校：读史方舆纪要·四川四（卷六十九）[M].北京：中华书局，2005：3275.

[11][清]张廷玉.明史·地理四（卷四十三）[M].北京：中华书局，1974：1034.

字库塔初步研究

邵 磊① 蒋晓春② 李 茜③

（重庆工商大学，重庆南岸 400067）

（西华师范大学，四川南充 637009）

（营山县第二中学，四川营山 637700）

摘 要： 字库塔是中国古代先民为了焚烧字纸而专门建立的塔式建筑，反映了古人的敬惜字纸信仰。字库塔在全国各地分布广泛，风格多样，为研究古代各地的教育、民俗、建筑等提供了实证材料。塔上面的文字题刻也为研究各地文化提供了重要的文献资料。

关键词： 字库塔；敬惜字纸；形制

字库塔，也称惜字塔、惜字炉、惜字宫、焚字炉、敬字亭，是古人专门用来焚烧字纸的建筑。在我国古代，字库塔分布很广，凡是受儒家文化影响较深的地方，基本上都建有字库塔，只是称呼和风格有所不同而已。由于年代久远、自然和人为破坏等原因，许多地方的字库塔现已不存，即使保存下来的，要么地处偏远无人知晓，要么残损严重，亟待修复。目前已经发现的字库塔主要分布在中国南方各省的山区，以长江流域的四川（176座）[1]、湖南、贵州、重庆（30座）[2]保留最多，沿海地区的浙江、海南（17座）[3]也有较多发现，北方地区保留下来的较少。

对于字库塔的研究，由于受地理、历史等因素的影响，学术界至今关注不够。只有张在明《敬畏文化——谈惜字楼》、宋本蓉《明清惜字塔——惜字文化的建筑遗存》、周玲丽《四川字库塔的文化遗产价值与保护修复研究》、朱晖《四川古代小品建筑字库塔的礼仪文化构筑——以四川雅安上里文峰塔为例》[4]等几篇论文有所论述，部分地方报纸也有零星报道，但都不全面，特别是对字库塔产生的时间，均没有提出有说服力的证据。本文拟从传世文献和实物的角度，对字库塔产生的历史背景、时间、形制、文化内涵做一初步探讨，不当之处望方家批评指正。

一、字库塔的兴衰

字库塔的建造源于古代的敬惜字纸信仰。在我国古代民间有种说法，糟蹋字纸会生疮害病、瞎眼睛，受到惩罚并祸及子孙等，所有用过的字纸或废书，都要统一收集起来，放到一个地方集中焚化。明代凌濛初在《二刻拍案惊奇》卷一的开卷诗中曾写道："世间字纸藏经同，见者须当付火中。或置长流清净处，自然福禄永无穷。"

---

①邵磊，男，重庆工商大学计算机科学与信息工程学院，讲师。

②蒋晓春，男，西华师范大学历史文化学院，教授。

③李茜，女，营山县第二中学，教师。

关于敬惜字纸信仰，源自古人对文字的崇拜。《淮南子·本经训》载：

昔者仓颉作书而天雨粟、鬼夜哭。仓颉始视鸟迹之文造书契，则诈伪萌生。诈伪萌生，则去本趋末，弃耕作之业，而务锥刀之利。天知其将饿，故为雨粟。鬼恐为书文所劾，故夜哭也。鬼或作兔，兔恐见取毫作笔害及其躯，故夜哭。[5]

神话传说虽不足为据，但由此可知文字的出现是人间的一件大事。在先秦时期，巫师是最受人崇敬的人物，其中一个原因就是因为他们掌握有让下层人民敬畏的文字。

北齐颜之推在《颜氏家训》中说："吾每读圣人之书，未尝不肃静对之。其故纸有'五经'词义及贤达姓名，不敢秽用也。"[6]由此可见，至迟在北朝时，我国就已有了敬惜字纸的信仰。

关于敬惜字纸的好处，北宋张舜民在《画墁集》卷八《附郴学大成一则》中云：

宋王沂公父，虽不学问而酷好儒士，每遇故纸必撷拾，涤以香水，尝发愿曰："愿我子孙以文学显。"一夕梦宣圣抚其背曰："汝敬吾教何其勤欤，恨汝已老，无可成就，当遣曾参来汝家。"晚年果得一子，乃沂公也，因以曾字名之。竟以状元及第，官至中书侍郎门下平章事，封沂公。[7]

在元明之际托名文昌帝君的《劝敬字纸文》中也记载了此事：

士之隶吾籍者，皆自敬重字纸中来，如宋朝王沂公，其父见字纸遗坠，必撷拾以香汤洗烧之，一夕梦宣圣拊其背曰：汝何敬重吾字纸之勤也，恨汝老矣，无可成就，他日当令曾参来汝家受生，显大门户。未几，果生一男，遂命名曾，及状元第。此事虽远，可以为证。予窃怪今世之人，名为知书，而不能惜书，视释老之文，非特万钧之重，其于吾六经之字，有

如鸿毛之轻，或以字纸而泥糊，或以背屏，或以裹褙，或以泥窗，践踏脚底，或以拭秽。如此之类，不啻盖覆瓿矣，何释老之重而吾道之轻耶？是岂知三教本一，而欲强兹分别耳。况吾自有善恶二司，按察施行，以警不敬字纸之类，如平生苦学鹦窗，一旦场屋或以失韵误字，例为有司之黜，终不能一挂名虎榜者，皆神夺其鉴，以示平日不敬字纸之果报也。诸生甘受此报，恬然不知觉，甚至于子孙之不识字，举家因之而害者，远则不足以为戒，姑以近者言之，且泸州杨百行坐经文，而举家害癫，昌郡鲜于坤残《孟子》，而全家灭亡，果报昭昭在人耳目。杨全善亦百行之兄，埋字纸而五世登科，李子才葬字纸而一身显官，既能顾惜阴报，岂无可不敬畏哉。[8]

经文中除了提到王曾之父因爱惜字纸而使子孙显达之事，还列举了杨百行、鲜于坤等因为不敬经书字纸而全家都受到惩罚的例子。正反对比，使民众由对字纸的模糊恐惧变成了日常生活中自觉的崇拜。

受上述影响，从宋代起，敬惜字纸的信仰在各地开始广为流传，而敬惜字纸的具体体现就是把用过的废旧字纸或残书恭敬地收集起来，然后焚化。但随便烧掉字纸，亦是对圣贤不恭，甚至可能受到上天惩罚，于是，专门焚化字纸的字库塔或惜字炉就随之应运而生了。

现存有关字库塔的最早记载见于日本遣宋僧人彻通义介（1219—1309）完成于南宋淳祐八年（1248）的《五山十刹图》（图一、图二）[9]，图中绘有宁波鄞州区天童寺池畔七座同样的惜字塔（字库塔），八面须弥座上立有八瓣瓜形塔身，塔身正面有花头斗拱的炉口，塔顶上有斗拱支撑的仿木结构八角宝珠形飞檐，塔刹呈宝葫芦状（图三）。[10]在嘉庆《天童寺志》中的寺图上也清晰地画着七座相同的惜字塔（图一、图四）[11]。另据嘉庆《天

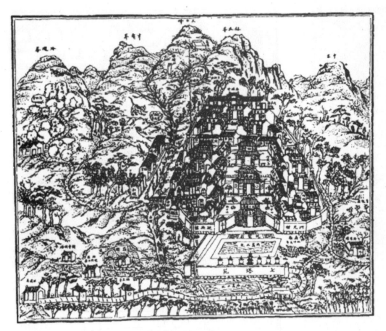

方　丈		
大光明藏		
寂光堂		
祖师堂	法　堂	上地堂
僧　堂	佛　殿	库　院
观音阁	山　门	钟　楼

图1-1c　天堂寺主体配置关系（南宋）
（注：根据"诸山额集"，大光明藏与寂光堂为
前方丈）

图一　天童寺惜字塔（《五山十刹图与南宋江南禅寺》39页）

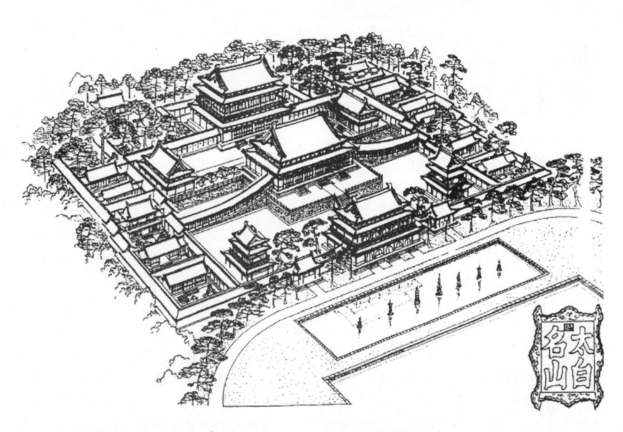

图二　天童寺惜字塔（《五山十刹图与南宋江南禅寺》40页）

图三 （日）伊东忠太《中国古建筑装饰》
（中册）中的天童寺惜字塔

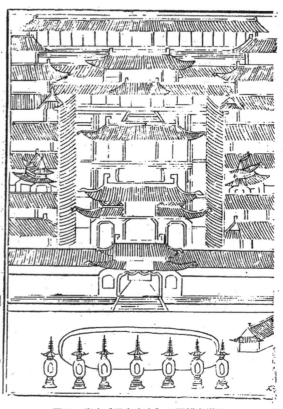

图四 嘉庆《天童寺志》28页惜字塔图

童寺志》卷二《建置考》记载，"绍兴四年（1134）甲寅，宏智禅师建僧堂落成，继而拓旧维新，巍其门为杰阁延袤两庑范千铜佛列于阁上，中建卢舍那阁，旁设五十三参善知识，前为二大池，曰'万工'，中立七塔。"[12]由此可以推测，彻通义介记载的字库塔，应该就是《天童寺志》中记载的七塔，那么，很有可能至迟在南宋绍兴四年（1134），我国就已经出现了字库塔（惜字塔）或与之相似的焚纸建筑。

字库塔在宋代出现，不是偶然的现象，而是与当时的社会政治文化背景密不可分的。唐末五代军阀混战的局面，使得宋太祖赵匡胤制定了"崇文抑武"的国策，他曾立下"不得杀士大夫及上书言事人"的誓约[13]，这就使得文人的地位得到了前所未有的提升，也使得宋代的文化艺术在封建时代达到了高度发展。文化

的繁荣，也刺激了民间尊师重教、识字之风的盛行。北宋汪洙的《神童诗》就是当时崇尚文化之风的真实反映，诗中云："天子重英豪，文章教尔曹。万般皆下品，唯有读书高。少小须勤学，文章可立身。满朝朱紫贵，尽是读书人。"[14]另外，儒释道三教在长达千年的竞争后，其思想观念在宋代合流的程度明显加深，特别是在对待经书、字纸方面，三教表现出了惊人的一致，他们都主张要敬惜字纸，爱护经书，否则要受到严厉的惩罚。于是，在儒释道三教的共同宣传下，敬惜字纸观念逐渐深入人心，在书院、寺院、道观及其他文风较浓的地方，字库塔开始被大量建造，并与当地的民俗风情相结合，展现出了各式各样的造型特点。

字库塔的兴建在明清时期达到了兴盛，凡是有人的中心聚居区，基本上都有字库塔的存在。这一方面是源自于统治阶级对思想文化的

控制，大力提倡敬惜字纸信仰；另一方面也是明清时期经济文化繁荣的结果。今天留存下来的字库塔基本上都是明清时代的建筑，就是最好的证明。

到了近代，由于战乱的影响、西学东渐，以及新文化运动的兴起，中国传统的"敬惜字纸"信仰开始遭到冲击。特别是新中国成立后的"破四旧"、"大字报"运动，更是大大降低了人们对字纸的崇拜。受此影响，作为"敬惜字纸"物质载体的字库塔，也被作为封建守旧的遗迹而被大量破坏和拆除。

二、字库塔的形制

字库塔，高度通常在3～15米之间。塔上小龛中多供奉有仓颉、文昌帝君、孔子的神像，有的旁边还有象征美好生活图案的浅浮雕。由于字库塔与字纸有着紧密的联系，所以它通常

被建造在官府衙门、市镇街口、书院会馆、佛寺道观、文庙祠堂等学风盛行、人口密集之处，有的大户人家的私宅里也专门建有字库塔。

从外观看，字库塔具有佛塔的某些神韵，但却有着有别于佛塔的不同风格与造型。字库塔大多采用四面锥（柱）体（如重庆合川钓鱼城字库塔、四川省江油市李白读书台字库塔 图五）、六面锥（柱）体（如成都市洛带古镇字库塔 图六）和八面锥体（如四川省合江县福宝古镇字库塔 图七），有的上下层则为不同的柱体或圆锥体（如贵州省开阳县龙岗镇大荆村惜字塔 图八）。字库塔的层数一般为单数，但由于受各地文化的影响，偶数层的也不鲜见，这与佛塔基本上为奇数层的做法不同。以三层、四层、五层最多，二层、六层、七层次之，个别为一层、九层。四川省中江县南山乡中严村

图五　江油市李白读书台字库塔

图六　成都市洛带古镇字库塔

图七　合江县佛宝古镇字库塔（网络资料）

图八　忠县龙翔村字库塔

字库塔为十二层，这在字库塔中很少见。

从构造上看，字库塔大体包括塔基、塔身、塔顶、塔刹等部分。塔基是字库塔的地面基础部分，一般比较低矮简单，个别字库塔的塔基分基台和基座两部分，基台在下，无装饰，基座在上，有精美的浮雕纹饰，如湖南桂东县龙溪村敬字亭、成都洛带古镇字库塔等，均有须弥座，束腰处浅浮雕莲枝。塔身第一层或第二层通常有一小门，为方形、圆拱形或圆形，字纸便从这里投入焚烧。小门上方通常有一扇形横额，上书"字库"、"惜字塔"等表明性质的文字，门两侧大都镌刻对联，有的塔身上还刻有碑文，记述建塔的原因、过程和捐建者姓名。每层上方大都有飞檐，檐下悬铃铛。整个塔身逐层向上收缩，呈多棱锥体。塔顶，是塔身和塔刹的连接处，上有塔檐，周围有四个、六个或八个翼角。塔刹位于塔顶，

一般用金属或砖石制成，多为四角或六角攒尖顶，呈宝葫芦或宝瓶状，上有出烟的小孔，个别塔的顶部为覆钵状或歇山、硬山结构。塔刹一般由刹座、刹身、刹顶构成，塔刹上的相轮多与字库塔的层数相对应。

各地现存的字库塔风格多样，从形制上看，字库塔大致可分为六种类型：

1.楼阁式

该类字库塔把早期的佛塔和中国的传统楼阁相结合，多为仿木结构砖塔或石塔，塔身上的立柱、斗拱、雀替、椽子、瓦垄、瓦头均仿照木头用砖石雕出，具有浓厚的中国特色，是数量最多的一种字库塔。如重庆市北碚区东阳街道北新村字库塔、成都市大慈寺字库塔、成都市洛带古镇字库塔（图六）、贵阳市乌当区东风镇字库塔、平阳县凤卧镇塔边村字纸炉、蒲江县西来古镇惜字宫（图九）、崇州市街子

图九　蒲江县西来古镇惜字宫

图十　安县黄土镇字库塔

图十一　韩城市党家村惜字炉

图十二　临武县武水镇刘家石灰窑村惜字炉（网络资料）

古镇字库塔、德昌县茨达乡新胜村字库塔等，每层上方大都有长长的塔檐，塔刹形制多样，多呈宝葫芦状或宝珠状，非常华丽。

2.密檐式

密檐式字库塔是从楼格式字库塔演变而来的，由于基本不设斗拱，故塔檐很短。该类字库塔的基座和第一层塔身都比较高大，上雕精美的图案。二层以上塔身矮小，塔檐紧密相连，一般没有门洞等装饰。如安县黄土镇字库塔（图十）、韩城市党家村惜字炉（图十一）、重庆万州区举人关字库塔、大观县寿山乡丁家梁子字库塔等，数量不多。

3.亭阁式

亭阁式字库塔结构简单，均为单层，平面呈四边形，如同在中国式的楼阁上装了一个塔刹。如浙江永康市龙山镇寺口村惜字炉、湖南临武县武水镇刘家石灰窑村惜字炉（图十二）等。该类字库塔数量不多，平面均为四边形，至少一面开有炉门。

4.覆钵式

受藏传佛教喇嘛塔的影响，覆钵式塔自下而上由塔座、塔身、相轮、伞盖及塔刹组成。塔身多高大，如同一个倒扣的钵盂。如徐闻县锦和镇敬字亭、徐闻县南山镇六黎村敬字亭（图十三）、文昌市宋氏祖居焚纸炉（图十四）等。

5.经幢式

呈八面柱体，塔身上下粗细相同，有基座、一层塔身和塔顶组成。如桂东县龙溪敬字亭（图十五）、铅山县鹅湖书院惜字炉等。

6.复合式

该类字库塔数量不多，多与中国传统文化中的八卦有联系，有经幢式的某些特点。如重庆万州区罗田镇字库塔（图十六），第一、二层塔身为四面柱体，第三、四、五层塔身为六面柱体；开阳县龙岗镇大荆村惜字塔，第一层

图十三　徐闻县南山镇六黎村敬字亭

八面，第二层六面，第三层四面；隆回县三阁司乡青山村化字塔，第一层四面，第二、三层八面，第四层六面；利川市毛坝乡双泉村土家字库塔，第一、二层为四面，第三层为六面。宁波市鄞州区天童寺池畔惜字塔，为覆钵式塔身与汉式建筑的结合体，其塔身为喇嘛塔形象，而其顶则为汉式仿木结构建筑，将汉藏两种风格合二为一，创造出一种新造型（图三）。[15]

就建造的工艺而言，实力雄厚的城镇字库塔多雕梁画栋，装饰精美；而在偏僻乡村多做工粗糙，上面基本上没有装饰。在建筑材料方面，多为砖砌和石砌，也有的采用砖石并用，南方的部分惜字塔为混凝土结构，因为要焚烧字纸，木结构只出现在塔外的飞檐等建筑构件上，湖南安化县大福镇大尧村焚字塔，是目前

图十四　文昌市宋氏祖居焚纸炉

图十五　桂东县龙溪敬字亭（网络资料）

发现的唯一一座土建字库塔。在南北差异方面，北方多高大宏伟，南方多小巧玲珑。从现存字库塔上的题刻署年来看，字库塔大都建造于明清两代，以清代中后期居多，明代、清初和近代的多建造简单，清朝中后期的字库塔多为精品。总体上来看，字库塔的形制是不断发展变化的，并且体现了鲜明的地方特色。

三、字库塔的文化内涵

字库塔是古人留给我们的重要历史遗迹，它除了反映古人的敬惜字纸信仰外，还蕴含着丰富的文化内涵。

1.字库塔与科举考试

字库塔的出现，源自古人对文字崇拜，还与唐宋时期盛行的科举考试密不可分，特别是宋代重用文官政策的实施，促进了文人读书做官思想的盛行。两宋319年的时间里，共举行进士科考试118次，录取进士3万多人，大大超过

了历史上的任何朝代录取进士的人数，这就使得大量没有任何显赫背景的读书人，有可能通过科举考试来实现他们人生的转变。在这种观念的影响下，社会上兴起了崇拜文化、尊重读书人的热潮。于是，单纯的文字崇拜就转变成了具有功利思想的升官运动。为了在未来的科举考试中能够一帆风顺、金榜题名，学子和他们的家人都小心翼翼地保护着字纸和经书，而字库塔就成为了那些废旧字纸的焚化之处，烧后的纸灰或被掩埋在干净的地方，或被撒入河水中，在人们的顶礼膜拜中回到了它们的最终归宿。

现存的字库塔多为明清建筑，这一方面与明清时期相对稳定的社会和繁荣的文化有关，另一方面也源自于当时的文昌信仰。文昌即是文昌帝君，原名张亚子，东晋时开始为四川梓潼的一个地方神灵，后经宋理宗、元仁宗的分封，梓潼神逐渐成为了主管功名和禄位的文昌

政府对敬字信仰大力提倡的结果。康熙帝曾训令："故凡读书者，一见字纸，必当收而归于箧笥，异日投诸水火，使人不得作践可也，尔等切记！"[17]雍正帝在十三年（1735）七月初八日上谕云："凡字纸俱要敬惜，无知小人竟掷在污秽之处，尔等严传，再有抛弃字纸者，经朕看见，定行责处。"[18]另据《清史稿·志五十九》记载，"嘉庆五年（1800），潼江寇平，初寇窥梓潼，望见祠山旗帜，却退。至是御书'化成耆定'额，用彰异绩。发中帑重新祠宇，明年夏告成，仁宗躬谒九拜，诏称：'帝君主持文运，崇圣辟邪，海内尊奉，与关圣同，允宜列入祀典。'"[19]

图十六　重庆万州区罗田镇字库塔

帝君。道教为壮大自己的神仙体系，甚至宣称其为天上的文曲星转世，专门掌管人间的教育考试之事。这就使得文昌帝君在古代读书人心中的威信大增，据说张亚子的生日是农历的二月三日，每年到了这一天，上至朝廷下至民间，都要举行盛大的祭祀活动，以期在接下来的科考中能出现更多的治国安邦之才。[16]

2.字库塔与民俗民风

我国的古代文化深受儒释道的影响，三教都非常注重对经书字纸的保护，无论是儒家供奉的仓颉圣人、孔圣人，还是道教尊崇的文昌帝君，都反映了对文字的崇拜。敬惜字纸的信仰在南北朝时就已经存在了，但现存的字库塔大都是明清时期的建筑，以清朝的最多，明代仅发现3座。

如果说明清以前的敬字信仰还是民间自发的运动，那么字库塔在清代的繁盛，则是清朝

图十七　广安市广安区长伍乡仙城桥字库塔

最高封建统治者对字纸的尊崇，就等于国家以法律的形式把对字纸的保护制度化了，于是上行下效，使得本来就深入民心的敬惜字纸信仰在全国各地迅速变为了实际行动。为了更好地推广敬字运动，各地编写了许多敬字书籍免费发放民间，如《文昌惜字功过律》、《文昌帝君惜字宝书》、《文昌帝君宝诰》、《文昌帝君惜字罪律》、《文昌帝君惜字功律二十四条》、《桂宫梯》、《青云梯》、《丹桂籍》等，这就进一步促进了敬惜字纸信仰的习俗化。特别是嘉庆六年（1801）对文昌帝君的祭祀被列为国家大典后，作为该信仰最直接物质载体的字库塔，在大江南北也开始被大量地建造，这就是现存字库塔多为清朝中后期建造的主要原因之一。

为了敬字惜字，政府部门还明令禁止在诸如枕头、坐具、内衣等在内的许多日常生活用品上绣刻文字，也不准用字纸包裹东西和擦拭污物。如明末清初的施闰章在《劝同志勿用寿字缎说》中云：

织金寿字缎不知作俑者，近年士大夫生辰庆祝多用之。其初惟胸背中有字，今通身寿字，有百寿、百二十之说。官府甘贡谀织坊工逐利，不知其有妨名教也。夫既通身寿字，则一半压在下体，在妇人尤为秽亵，甚至用作睡褥镶嵌护膝满袜。试思，僧道捧经必盥手焚香，吾儒惜字戒裹物糊壁，今凌贱倒置如此，于心何安？乌得无罪？余在豫章饮一前辈家，见寿字椅褥，拱立不敢坐，主人悚然撤去且永戒勿用，真善补过者也。天下虫鱼花鸟新奇夺目者多矣，何必狎亵文字？又闻御府织造例有织金寿字，惜无言路，君子疏请禁免，于必不可已，或仍织成袍料，位置寿字在胸背肩项移用他处不得，其余通身寿字者一切停罢，则缎式不废寿意可稍免罪戾矣。昔杨百行身坐经文，举家病癞，王氏敬惜字纸生子王曾，为宋

名相，封沂国公，一字即等六经，惜金亦为惜福，凡官于苏杭江宁嘉兴织造之地者，留心戒饬，不惟羽翼名教，实所以衣被子孙也。[20]

敬惜字纸的民间习俗，推动了汉字的发展，对于传承中国传统文化做出了很大的贡献。另一方面，由于元明清以来世俗文化的发展，一些低俗的书籍开始充斥民间，为适应统治者用传统文化统治人民的需要，政府部门也想通过一场思想运动来纠正民间一些过激的行为，于是作为敬字信仰载体的字库塔，就被大量建造于城乡的各个角落，以起到随时警示和教化百姓的作用。随着明清时期敬字风俗的兴盛，字库塔逐渐成为全国各地必不可少的标志性建筑。

直到今天，东南沿海的一些地区还在建造新的字库塔，特别是在客家人中间，至今仍保留有浓厚的敬惜字纸的旧俗。例如，每到大的考试前，考生们会把准考证复印件供奉在文昌帝君或仓颉圣人前，等到考完后一并拿到敬字亭焚烧，以祈求金榜题名。

除了修建字库塔，民间还创立了惜字会或敬字社，主要活动是收集废旧字纸，也从事与慈善有关的活动，如捐资维修字库塔、刻字印刷敬字书籍、宣传敬惜字纸的信仰、举行焚纸仪式、规范汉字的书写等，目的是维护当地的淳朴民风，培养尊重知识的习俗，这些措施起到了一定的效果。

3.字库塔与风水

字库塔在经过了几百年的发展后，到后来增加了一项新的功能，即与阴阳学、风水学相结合，逐渐具有了辟邪驱怪、改变风水、重振文风的功能。

"风水"一词，最早见于晋代郭璞所作的《葬经》，书中云：

气乘风则散，界水则止，谓生气。随支垅体质流行，滔滔而去，非水界则莫之能止，及

其止也，必得城郭完密，前后左右环围，然后能藏风，而不致有荡散之患。……古人聚之使不散，行之使有止，故谓之风水。……风水之法，得水为上，藏风次之。[21]

古人很在意城郭、住宅、墓地的选择，在风水欠缺的地方建一座字库塔，可以弥补地理上的部分缺陷。四川德昌县的麻栗字库塔、德昌字库塔、巴洞字库塔、茨达字库塔同在一条直线上，每座字库塔之间相距约15公里，中间跨越了很多山水，在选址时应该考虑到了风水的作用。建于乾隆四十六年（1781）的广安市广安区长伍乡仙城桥字库塔（图十七），位于仙城桥桥头，其第三层正面门洞横额上阴刻有"永镇江流"四字，第四层塔壁上镌刻有《建修仙城桥序》，记述了仙城桥修建的来龙去脉，其中"疾雨瀑涨后荡无存，往来之侍郎偏舟之可渡，每临岸而多阻"等文字说明了修建字库塔的其中一个原因就是永镇江流，以保护沿河两岸的人民免受水灾的侵扰。

字库塔的另一项重要功能是培育文风，通过建造字库塔来保存、延续、扭转一个地方在科举考试中的运气，这曾是中国古代非常流行的做法。在封建社会，通过科举考试建立一番功业是读书人的首要选择，而良好的学习环境和学习氛围的建立，是人才培养的基础。因而，建造字库塔以培养文风就成为古人生活中的一件大事。在四川省南部县神坝乡有一座建于同治三年（1864）的字库塔，其塔上碑文上有"今将为一方培文风，而先令一方惜字纸……以补去水来风"的字样；在西昌市礼州镇有一座建于道光庚戌年（1850）的字库塔，塔上有"惜字之法，莫良于字库，且可以培风起秀"等碑文；在贵州省湄潭县西河乡有一座建于道光二十三年（1843）的字库塔，其中碑文云："彼都人士，人才蔚起，皆当于敬惜字纸恤之也。"从这些碑文可知，建造此种字库塔或文风塔，可以在当地人心目中树立"敬字得福"、"知识改变命运"的奋进观念，客观上促进了人才的培养和文化的传播，也带动了文风的良性发展。

4.字库塔与环境保护

对于字库塔，除了反映敬惜字纸信仰外，另一方面还反映了先人们的环境保护意识。始建于光绪二十八年（1902）的四川省营山县太蓬山字库塔，最初的目的就是因为"朝山进香，申文奏表，种种字迹，无处容隐也"。这样既爱惜了字纸，又保护了环境。对字纸先焚烧后掩埋的方式，在古代已经是很了不起的举措，与我们现在的垃圾处理有许多相通的地方，值得我们去借鉴。

四、结语

字库塔的修建，是中国传统文化中一个很特别的现象，它凝结了古人对知识的尊重。正因为有了对文字的尊敬和崇拜，才使得汉字成为世界上流传时间最长的文字，堪称文字中的活化石。这对于凝聚全世界华人的爱国心，有着无法替代的作用。修建字库塔的最直接目的就是焚烧字纸，但它延伸出来的敬惜字纸信仰，对于古代文化的传承和古籍图书的保存，更有着无法估量的贡献，敦煌藏经洞以及北京房山石经山云居寺藏经洞等大量古代文献的发现，就是这一信仰的最好体现。当然，敬惜字纸并不是要尊重所有带字的纸，古人眼中那些淫秽的书籍字纸不在保护之列，如有人自觉销毁那些有伤风化的书籍字纸，不但不会受到惩罚，反而会得到善报。

现在，随着文化的大众化和电子书籍的大量涌现，字纸已变得不再像古代那样神圣，敬惜字纸的信仰在人们的头脑中也慢慢淡化了，残存下来的字库塔也大多孤零零地隐藏于深山或偏僻的乡间，再也没有了昔日备受众人顶礼膜拜的待遇。但这些字库塔是古人敬惜字纸的历史见证，对于研究当地古代的建筑、教育、历史、文学、风俗、绘画、书法、宗教等方面有着无法替代的实物价值。加之在各地的史志文献中，对字库塔的记载很少，因此塔上的题刻就成为研究字库塔的重要文献，可以起到补史、证史的作用。

参考文献：

[1]国家文物局主编.中国文物地图集[M].北京：文物出版社，2009.

[2]国家文物局主编.中国文物地图集（重庆分册）[M].北京：文物出版社，2010.

[3]黄晶，张静.儋州普查发现17座敬字塔[N].海南日报2009-07-26（6）.

[4] 张在明.敬畏文化——谈惜字楼[J].文博，2006（4）.

本蓉.明清惜字塔——惜字文化的建筑遗存[J].紫禁城，2008（10）.

周玲丽.四川字库塔的文化遗产价值与保护修复研究[D].西南交通大学硕士学位论文，2010.

朱晖.四川古代小品建筑字库塔的礼仪文化构筑———以四川雅安上里文峰塔为例[J].攀枝花学院学报，2013（2）.

[5]（汉）高诱 注.淮南子·卷8·本经训[M].北京：中华书局，1954：116—117.

[6]（北齐）颜之推.颜氏家训[M].北京：中华书局，1983：20.

[7]（北宋）张舜民 撰.画墁集·卷8[M].文渊阁《四库全书》影印本.

[8] 道藏（第三册）清河内传·劝敬字纸文[M].北京：文物出版社，上海书店，天津古籍出版社影印本，1988：290.

[9] 张十庆.五山十刹图与南宋江南禅寺[M].南京：东南大学出版社，2000：39—40.

[10]（日）伊东忠太著，刘云俊 等译.中国古建筑装饰（中册）[M].北京：中国建筑工业出版社，2006：488.

[11]（嘉庆）天童寺志（第13册）卷首·寺图[M].中国佛寺史志汇刊（第一辑）.台北：台北明文书局，1980：28.

[12]（嘉庆）天童寺志（第13册）卷之二·建置考（上）[M].中国佛寺史志汇刊（第一辑）.台北：台北明文书局，1980：85—86.

[13]（元）陶宗仪 撰.说郛·卷39（上）[M].文渊阁《四库全书》影印本.

[14]（北宋）汪洙.神童诗·笠翁对韵[M].济南：齐鲁书社，1998：74.

[15] 夏至峰，张斌远.中国古塔[M].杭州：浙江人民出版社，1996：114—115.

[16] 周宗廉，周宗新，等.中国民间的神[M].长沙：湖南文艺出版社，1992：260—261.

[17]（清）圣祖皇帝庭训格言[M].文渊阁《四库全书》影印本.

[18]（清）国朝宫史·卷3[M].文渊阁《四库全书》影印本.

[19] 赵尔巽 等.清史稿（第十册）·卷84[M].志五十九·礼三.北京：中华书局，1976：2542.

[20]（清）施闰章撰.学余堂文集·卷25[M].文渊阁《四库全书》影印本.

[21]（晋）郭璞.葬经·内篇[M].文渊阁《四库全书》影印本.

初探清代黔江佛教文化的兴盛与繁荣

彭一峰①

（重庆市黔江区文物管理所，重庆黔江　409099）

摘　要：清廷对佛教的扶持和利用，造就了黔江佛教文化二百多年的兴盛和繁荣，对民众的行为模式、思想观念都产生了极为深刻的影响。作为一个历史产物和社会现象，值得我们进行深入的探索和考证，以为今天的宗教政策提供参考，并启迪后人。

关键词：清代；黔江；佛教文化；兴盛；繁荣

黔江地处武陵山区腹地，是渝东南区域的中心城市。武陵山区，重淫祀，巫傩尤盛。数千年来，制度化宗教在这里难有一发展的空间。长期以来，人们一直把这里当做一个神秘之地。可到了清代，佛教文化在黔江却得到了空前的发展和繁荣，这是武陵山区宗教文化发展的一个缩影，也是重庆宗教文化发展的一个缩影。探析清代黔江宗教文化的发展对于研究渝东南宗教发展史、重庆的宗教发展史都有着十分重大的意义和价值，笔者拟就此文化现象作一探讨，以就教于方家。

一、清代黔江佛教文化兴盛 与繁荣的原因

黔江佛教文化作为全国的一部分，在清代得以快速发展、兴盛和繁荣起来，与其他地方一样，首先得益于大的历史背景；其次是与黔江的自然环境、社会环境、意识形态等多种复杂因素有必然联系，同时还与佛教自身的文化内涵有关，以下简述之。

1.清廷对佛教的扶持和利用，推动了黔江地方官员对佛教的信奉，并修建了大量的庙宇，从而导致民众对佛教文化的信奉与追求。

清代是我国又一重视佛教文化传播和发展的重要时期，它承袭明代佛教的僧尼与寺庙管理制度，各皇帝在一定程度上均信奉佛教，礼待高僧，从开国皇帝顺治至中期雍正、乾隆再到晚期的咸丰帝，无不是提倡信奉佛教者。同时，清廷也加强佛教文化整肃和管理。顺治时加强了对寺院的稽查工作，无度牒者不得为僧，未经政府许可，民间百姓不得私建寺庙。康熙时又增设了僧管僧人制度，乾隆下令取缔不法僧人，女子未满四十不准出家。虽有种种限制，然民间寺庙之香火，民间信奉之风日盛一日，至乾隆晚年，天下僧尼达40余万人。据统计，当时敕建的寺庙有60070座，小者6400间，私人建的大寺庙达8400座，小寺庙58600间。咸丰时，洪秀全的太平天国排斥佛教，使江南一带寺庙和僧侣大受摧残，但至同治、光绪时，各地纷纷重建佛寺及庙宇，佛教再次兴

---

①彭一峰，男，重庆市黔江区文物管理所，馆员。

盛起来，寺庙的大事建设为佛教文化的快速传播和发展提供了坚实的物质基础和活动场所，佛教文化成为了各宗教文化的主流。这是黔江宗教文化发展的社会历史背景。

出于政治目的的需要，清廷对佛教的扶持利用政策，极大地助推了黔江地方官员信奉佛教、发展佛教的政治理念。特别是乾隆十九年（1754）取消官给度牒制度后，黔江佛教文化得到了更大的发展。史料记载，清代黔江地方官员（如县令等）都崇奉佛教文化。清光绪《黔江县志》记载了知县张九章等先后游真武观、乌鸦观（二者均为佛道合一建筑）、三元宫及其烧香拜佛的情况，以及杨再栋、杨垂重、杨云彩、张税堂等知县建设、重建、重修寺庙的内容。知县修建寺庙，说明了官场对佛教的推崇；官员烧香拜佛，说明官方对于佛教的信奉和倡导。于是，民间建庙成风，民众拜佛成风。时至今日，还可见当时修建的若干寺庙遗址和数量众多的和尚墓，这些都是清代黔江地方官员推助佛教文化传播发展的明证。地方官员信奉佛教、修建庙宇，导致民众追随，掀起佛教传播热，这是十分自然的事。

2.清初"湖广填四川"的大移民中，有的僧尼和部分佛教信徒进入黔江，推动了黔江佛教文化的发展。

据黔江方志记载，清代以前，黔江佛教文化的发展十分缓慢，哪怕在我国唐代佛教文化最为兴盛和繁荣的时期，黔江所建寺庙仍凤毛麟角。在清初"湖广填四川"的大移民中，大量外来人口进入黔江，其中，部分佛教信徒与僧侣的进入，促进了黔江佛教文化的传播与发展。外来人的信佛活动也给原著民以影响，这就强化了原有佛教文化的群众基础，为清代黔江佛教文化的发展注入了活力，扩大了社会覆盖面。这种外来因子的影响、参与、介入是黔江佛教文化兴盛和繁荣的重要诱因之一。

3.在恶劣的地理环境和恶劣的生存状态下，佛教文化满足了黔江人民强烈的思想寄托。

清代，黔江在我国的佛教发展中成为异军突起和后起之秀，与它所处的自然环境有着必然的关联。清代，黔江交通不便，生存环境十分恶劣，自古有"养儿不用教，酉秀黔彭走一遭"之说来形容其环境恶劣与贫困之状。黔江老百姓面对穷山恶水的自然环境和恶劣的生存状态，在巨大的发展阻力和生存压力下，人们在精神上需要一种思维方式来应对复杂的环境，使思想情感有所寄托。佛教文化恰好适应了这种需求，成为当时黔江人民普遍信仰的社会大众化的宗教。

4.相对封闭的思维模式，成了汲取其他新文化的最大阻力。

清代的黔江是一个典型的农业社会，城市极小，农村相对广大，小农意识极为浓厚。浓厚的小农意识，其思维模式的最大特点就是封闭。他们往往满足于已有认识和思想活动，而此种认知方式与思维活动会阻止对其他新文化、新思想的吸收。同时，黔江又是处于大山包围之中的土家族、苗族等少数民族聚居区，一些少数民族在残酷的民族压迫下，又往往形成了封闭的性格特点，加之与农业社会形成的小农意识的封闭性汇集和叠加，使当时黔江少数民族的封闭意识尤为突出，佛教文化也就满足了这种封闭式思维方式的要求。这种特殊的强烈内在需求也是全国为数不多的地方才具备的条件之一，为佛教文化的发展提供了土壤。

5.由于民众文化素养不高，佛教文化填补了民众思想之空白。

由于生产力的局限和生活水平的低下，黔江民众所接受的知识教育和科技教育极为有限，这在当时全国也如此。但黔江在这点上则尤为突出，其思想领域中的空缺需要一种易为大众能接受的文化元素来填补，需要一种思想方法来认识世界、理解世界，佛教文化恰好具有解释当时人们所面对的世界的方法论的相关内容。当然，我们知道，并不是具有高素质文化修养和掌握科技理论的人不信奉佛教，那是因为人类社会和自然现象未被认识透彻之前，需用一种超越科技的解释。笔者认为，从人类的本质来看，在某些特殊环境和条件下，自身需要一种超越科技对社会的解释，以达到心灵上的和谐。另一方面，在当时，还是有很大一批民众是因为素质低下和认知世界的科技素养缺乏而走上了信佛之路的。

再从佛教文化的内涵及其性质特点来看，它满足了黔江民众强大的内心需求。佛教文化作为一种思想、信仰、理念，一旦为民众接受，就会成为深刻影响人们思想和行为的一种社会文化基础和文化因子。清代黔江民众接受佛教，与佛教自身的文化内涵、性质和特点也有着极为密切的关系。佛教文化中的"四谛"（苦谛、因谛、灭谛、道谛）与缘起说，成为扎根在民众内心深处的"因果报应"观念，"善因得乐果"、"恶因得苦果"的思想，以及"缘由、宽大、慈悲"与"众生平等"等思想、观念、意识使人们对"善"的人性挖掘达到了登峰造极的地步，又对人们追求内心心理平衡起到了莫大的作用。加之信徒认为，人人可以成佛，于是诚心修炼；民众认为佛、菩萨、罗汉等可以护佑他们，并能帮助其实现内心的欲望，这就使佛教文化作为一种完整的宗教体系，为黔江正直善良的人民所接受，并在他们内心构建起一个美好的精神家园。

以上诸多因素在某个历史时期某点上的结合、碰撞和作用，导致了清代黔江佛教文化突飞猛进地发展与繁荣，并成为普及化的大众化的一种宗教文化。随着时代的推进与发展，黔江在清代逐渐发展成为享誉湘鄂川黔和武陵山地区的佛教中心和重地，成为全国佛教文化发展和传播的坚实组成部分。发展速度之快在全国屈指可数，十分少见，黔江是清代地方佛教发展、兴盛和繁荣的新兴之地，也是全国佛教文化在偏远山区深入发展和不断壮大的一个缩影。

二、清代黔江佛教文化兴盛与繁荣的基本状况

清代黔江佛教文化发展在全国具有典型性、代表性和时代性，在较短时间内就产生了超强而广泛深入的影响力和辐射力，呈显出极大的质的飞跃，其发展速度之快出人意料，也令人感到吃惊。当时黔江佛教文化的兴盛与繁荣是史无前例且空前绝后的，它极大地彰显了清代地方佛教文化蓬勃发展和兴盛的一个过程和所具有的历史特征。这里，我们从寺庙建设的状况和信众的普及度即可看出。

1.寺庙建设情况

清代，黔江的疆域并不大，据清乾隆《西阳直隶州总志》记载，当时黔江"东西距一百六十里，南北距二百五十里"，仅相当于现在2/3的疆域，人口也十分稀少，下辖20个乡。根据清光绪《黔江县志》和《黔江乡土志》记载及遗留的寺庙遗迹统计，清代共有寺观宫庙庵阁117座，其中：（1）三屯乡18座：观音寺、莲花寺、乌鸦山极乐寺、高峰寺、观音寺、青云寺、城隍庙、火神庙、法慧寺、中山寺、东岳寺、马神庙、关帝庙、金桥寺、三元宫、金桂堂、乌鸦观、川主庙；（2）正阳乡2座：白佛寺、高山寺；（3）洞口乡3座：观音寺、观音山寺、川主庙；（4）青岗乡4座：灵芝寺、长兴寺、灵应寺、关帝庙；（5）五里乡7座：云峰寺、保桥寺、石笋寺、观音阁、茯苓寺、香山寺、并神岩寺；（6）栅山乡7座：兴隆寺、兴丛寺、高峰寺、万寿宫、天灯寺、回

图一　真武观遗址的山门

龙寺、凌云山寺；（7）三义乡1座：川主庙；（8）中塘乡4座：观音寺、云峰寺、关帝庙、石笋寺；（9）后坝乡7座：观音寺、回龙寺、朝阳寺、关帝庙、观音堂、清修庵、普济寺；（10）酸毛乡5座：复兴寺、清香寺、圆通寺、关帝庙、川主庙；（11）黎水乡4座：四阁顺寺、华岩寺、星垣寺、灵风山寺；（12）白合乡5座：普济寺、天池寺、方广寺、三会庵、石

钟庵；（13）石会乡14座：香山寺、华圣寺、黄草寺、三圣宫、真武观、伏虎寺、凌云寺、黑虎寺、方广寺、天灯寺、莲峰寺、清平寺、斜岩寺、武陵山寺；（14）白土乡2座：碧峰寺、川主庙；（15）西泡乡2座：太平寺、关帝庙；（16）泡水乡6座：天星寺、伏虎寺、萃贞寺、四圣宫、龙洞宫、三圣宫；（17）金溪乡4座：金鸡寺、观音阁、朝阳寺、回龙寺；（18）正谊乡12座：广益寺、马鞍寺、观音寺、仙桥寺、白佛寺、玉皇寺、白云庵、广灵寺、重兴寺、观音阁、玉皇阁（2座）；（19）黑溪乡5座：沧海寺、方广寺、回龙寺、双兴寺、双林寺；（20）召南乡5座：复兴寺、凤池山寺、重兴寺、天子殿、法隆寺。在这些寺观宫庙中，佛教寺庙占90%以上，即使其他宫观庙堂，亦供奉佛祖、菩萨和罗汉等佛教尊神。1994年黔江土家族苗族自治县志编纂委员会编的《黔江县志》（以下简称1994版《县志》）记载，真武观"……正殿供有元天上帝神像，旁有南海西天众菩萨"[1]；香山寺"……原有宝塔十余座，塔内葬有真武观僧侣骨灰"[2]，足见当时部分或个别其他类型的宗教建筑除供奉本教尊神外，还供奉佛教尊神。一方面，说明这些宗教具有包容性的特点，另一方面也说明佛教在黔江广大民众心中具有坚实的群众基础和社会基础，佛教文化在这里相较全国许多地方更具生存能力、发展能力和后发能力。又

图二　清代银锭

图三　比利时玻璃杯

图四　天子殿侧面

1994版《县志》记载："武陵古刹，……名真武观，为川鄂湘黔著名的佛教圣地之一"[3]，也可证实这一点。再一次说明它已在全国范围的较大区域内成为声名远扬的佛教活动场所之一。现保留下来的真武观遗址位于黔江石会乡武陵山山顶，占地约1200平方米；为配合武陵山旅游开发，2003年7月，黔江区文管所曾对真武观遗址进行了抢救性的考古发掘，发现了台基、踏道、后花园、柱础、山门（图一）、前殿、正殿、耳房、石级、天井、水井、碑刻等丰富遗迹遗物，还出土了重要的清代的三个大银锭（图二）、钱币、镀金佛头和比利时玻璃杯（图三）等，所出土的镀金佛头等文物又从实物上印证了相关资料记载的真武观为清代黔江重要的佛教场所之一的说法，比利时玻璃杯又佐证了对外交流物品在当时已流入黔江寺庙内这一情况，偏远僻静落后的黔江也有僧人开始使用舶来品，证明清代对外交流物品已达到一定程度。从总体上看，真武观遗址对研究

佛教文化延伸入其他宗教场所的发展、变化、作用和影响具有十分重要价值。从以上各乡的寺庙数据看，虽数量较全国总量来说，所占比重较小，但处于全国偏远的小县集中在清代出现如此之多的寺庙建筑，十分少见。这些寺庙遍布黔江城乡，乡乡皆有，平均每乡达五六座之多，多则十七八座，少则两三座（三义乡一座例外），以县城所在地的三屯乡为最多，达18座，其次是武陵山所在的石会乡和经济条件相对较好的正谊乡最多，达12～14处，看来，寺庙的建设还与各乡的财力和适合的自然环境相关联。石会乡著名的武陵山八大寺庙，与贵州的梵净山齐名，在当时社会知名度和地位在全国来说，也是屈指可数。这八大寺庙是香山寺、真武观、斜岩寺、方广寺、黑虎寺、天子殿、天灯寺、凌云寺。天子殿虽名为道教建筑，但人们将其列入寺庙建筑，则与真武观供奉有佛教的佛、菩萨等尊神有关，且后来完全成为了佛教活动场所。天子殿（图四）始建于清代，西距真武观约700米，东北距香山寺约800米，现存部分占地约600平方米，建筑约300平方米；木结构，穿斗式梁架，单檐歇山式屋顶，青瓦覆盖；正殿面阔3间15米，进深7柱6穿13.6米，通高8.5米；明间前有亭式亮厅，结构复杂，檐角高翘；面阔2柱7米，进深3柱9米。

天子殿建筑形式特殊，对研究武陵山宗教发展和建筑艺术具有重要价值。当时，黔江经济十分落后。在这一相对狭小的范围内出现如此之多的佛教活动场所，甚至出现了佛教尊神延伸至其他宗教建筑内的十分罕见的频繁现象，可见佛教在人们心中所占的地位之高。这些建筑的密度和所在地的人均数量在全国也为数不多，其发展力度和现象具有典型性特征和特性。从历史纵向看，在佛教文化鼎盛时期的唐朝，佛教对黔江的影响也微乎其微，说明清代佛教文化的发展和传播在偏远山区较唐朝影响和辐射的范围更广更深远。

黔江这些寺庙建筑规模宏大，大多建于风景胜迹之间、古树环抱之地，依山傍水，重檐高阁，雕梁画栋。从使用的材料来看，建筑和佛像均以木材为主，现黔江区文物管理所收藏的三屯乡的三元宫1尊佛像、6尊菩萨像（1尊为观音菩萨）和1尊罗汉像（图五、图六），皆为木质，这些佛教尊像大小规格不一，最小者宽为27厘米，最大者宽为50厘米，最矮者为75厘米，最高者为100厘米，其中佛像和观音菩萨像身表还保留有部分镀金，其余菩萨和罗汉原有彩绘，现已剥落，遗留下来的香山寺和斜岩寺的建筑和佛像皆为木制也证明了这一点。香山寺（图七）始建于康熙末年，现存部分占地约1600平方米，建筑面积约1200平方米，木结构，呈四合院布局，由正殿、南北配殿、院坝和山门等组成。正殿为抬梁式梁架，硬山式屋

图五　木质佛和菩萨像

图七　香山寺局部

图六　木质菩萨和罗汉像

图八　斜岩寺全景

顶，面阔9间43.7米，进深10.2米，高通6米，正面廊道长22米，宽2.2米；南北配殿的大小形制一致，呈对称分布，也为硬山式屋顶，抬梁式梁架，面阔5间22.1米，进深13.5米，与正殿通高一致，正面廊道宽2.8米；院坝长22.5米，宽22.2米，由石块铺砌；山门为悬山式屋顶，穿斗式梁架，4穿4柱，面阔3间13.8米，进深3间5.7米，檐高3.8米，通高6.2米，檐角上翘，脊竖瓷嵌篆体"寿"字一方，门前为13级阶梯踏道。整个建筑高大雄伟。经计算这仅为原香山寺的1/10，可想象当时规模之宏大，为武陵山寺庙典型风格建筑之一。2002年，黔江区民宗委对香山寺进行了部分修复并对外开发，现仍是人们尊崇佛教的去处。斜岩寺（图八）始建于康熙三十二年，占地6500平方米，原有房100余间，主体为木结构，穿斗式梁架，悬山式屋顶，青瓦覆盖，辅以部分青砖墙体。原由围墙、山门、前殿、正殿、后殿、厢房、禅房、僧房、客房、伙房、榨房、马厩、厕所、天井、院坝、消防池等组成；现仅存前殿、正殿、后殿三幢庙宇及围墙等，建筑面积约1018平方米。前殿面阔5间长28.5米，进深5米，通高6.8米，台基高0.6米，前壁砖墙边沿彩绘卷草纹，檐饰兽面纹瓦当和蝴蝶纹瓦滴，还有木雕花窗，卷草纹砖和铁瓦等特色建筑构件；正殿为土漆板壁和柱头，面阔3间长15米，进深12米，通高10米，台基高1米，正面廊道宽2米，封檐板和梁上有彩绘二龙戏珠和卷云纹图案，梁上还墨书有那些僧人全建和监修寺庙等内容，其柱础上浮雕有花草、人物、动物等图案，如牡丹和仙鹤等，我们知道仙鹤为道教之神物象征之一，再次印证了佛、道文化元素在黔江的融合；后殿面阔5间21.2米，进深10.5米，通高7.1米，台基高1米，正面廊道宽2.1米，廊道的中间有一石门洞。以上三殿的左右两端木板壁外紧邻为风火墙，在一定程度上起

到保护寺院，防止火灾的作用。整个寺院四周为用条石砌成厚重的围墙。斜岩寺规模宏大，功能设施齐全，庄重严肃，对研究武陵山佛教文化发展和兴盛具有重要价值。目前，黔江文物部门正利用民间资金对它进行局部修复，不久会成为黔江又一重要佛教活动场所。从这两大寺庙的遗存可以感受到黔江武陵山佛教的文化面貌和建筑风格，寺庙建筑形式之多样，规模之大，构筑物之宏伟，足以勾勒出当时佛教文化繁荣、昌盛的轮廓。由于建筑和佛像大量采用木质材料，极易发生火灾或腐烂，因此，许多寺庙都发生过重建和重修的情况。据清《酉阳直隶州总志》记载，香山寺"道光十八毁于火，重建"；乌鸦观"在县西五里，康熙五年及三十二年重修，嘉庆十五年，僧多粥僧源智又增修"；回龙寺"乾隆五十六年，僧海安重修"；华严寺"乾隆三十六年，僧维则重建"；天池寺"康熙年间重修"；石钟庵"康熙年间重修"[4]等等，所记载的清代维修的寺庙达数十处之多。其实，这并不是完全的统计，在现实中，黔江境内的100余座寺庙，大大小小的维修和重建是经常发生的事。通过这些寺庙的建设、重建和重修事实，证明在当时黔江这片土地上，有着适合佛教文化生存和发展的肥沃土壤和社会根基，所以，佛教在黔江有着强盛的生命力。在这些寺庙建筑中，规模宏大者，即使是当地豪绅显宦的宅院也远远不能与之堪比。我们以斜岩寺遗址为例，现存的一垛围墙，用厚实的条石建成，置于一缓坡之上，呈扁圆形，周长400～500米，高1.5～3.5米，厚1米，远看宏伟壮观，给人以气势磅礴之感，足见其耗费的财力物力人力之巨。当时，黔江的经济实力十分薄弱，建如此巨大的寺庙建筑，说明黔江民众对佛教文化之看重和向往，且寺围墙外几里地均为其庙产，说明了佛教在黔江的巨大生存空间和条件。又据清同

治《酉阳州志》的记载，武陵山"向数御一启坛，元（远）近缁流，奔赴不绝，香火之盛，殆甲全州"[5]，可知其参拜者络绎不绝之状，所以称其为全州之冠（当时黔江县隶属酉阳州管辖），亦可见覆盖范围之广，辐射力之强，除黔江本地的信众外，还有外地信众前来参拜，这进一步证明武陵山佛教文化的影响力已延伸至外地外乡，即外地信众也把武陵山作为重要的佛教圣地来加以朝拜，足见当时黔江武陵山佛事活动之盛况和香火之旺盛。综观上述，黔江地方政府对佛教文化在重视程度上由低到高，在寺庙建设上由少到多，在影响力上由小到大，在发展上由慢到快，在清代地方佛教文化发展的案例中具有代表性，也反映了佛教的时代化特点。

2.僧尼、信徒和信众及信佛习俗情况

于全国来说，清代在各宗教的信徒和信众中，佛教的人数和所占比重最大。从上述寺庙数量看，黔江的佛教文化具有普遍性和大众化的特点，在宗教信众中，信仰佛教的人数占了绝对优势。对此，虽无具体数据，但清代地方志的记载明显地反映了这一情况。清同治《酉阳州志》记载，武陵山"寺僧恒数百人，常住半足……元（远）近缁流，奔赴不绝"，清光绪《黔江县志》记载，武陵山寺："寺内恒僧数百"[6]，可知寺僧数量之众，规模之大。清光绪《黔江县志》载，真武观"乾隆末年知县杨云彩饬僧澄善重建"；"久播遐迩，皈依寺僧常数十百人常据，……知县杨再栋饬僧清贺开修……上国朝大学士戴衢亨联云：水能澹性惟吾竹解，虚心是我师；学使杨秉璋联云：一甲一胄半是英雄半是佛不冠不履，又作名士又逡仙张之洞云尚爱此山，看不足，每逢佳处辄参禅，……"[7]，可知，真武观是佛教活动场所，僧人也多达几十上百，前往武陵山拜佛的信众既有地方官员，也有朝中官宦，既有学界

名流，也有知名之士，信众囊括了一切形形色色之人物，足见其影响力之大，连千里之遥的北京朝中重臣洋务派的代表人物张之洞也曾到此拜佛参禅，说明那时武陵山佛教寺庙在全国已声明远扬。其僧人，主要为穷苦人家子弟，也有少量官宦富豪中破落之人，还有生活中失意之人，不管是什么原因为僧为尼，他们有一个共同的特点：虔诚信佛，也由此可窥见全国其他地方的僧人构成情况和概况。这些僧人整日吃斋念佛，坐禅念经，只为获得死后圆寂，实现永恒和未来。可想见当时狭小的黔江民众处于纵横交错密集的寺庙禅院建筑群之中，僧尼穿梭各寺庙和社会的情景。尤其是武陵山上聚集的几座有名的大寺庙，早晚钟鸣鼎沸，聚集了几百上千的僧人，蔚为壮观，其浓厚的佛教氛围不能不叫人感叹。现黔江区文物管理所就珍藏了三口清乾隆时期寺庙遗留来的大铁钟，规格分别为142m×116cm（图九）、130cm×98cm（图十）和130m×90cm（图十一），均重达400～500公斤；呈喇叭状，器身有不同的铭文和纹饰；敲击声音洪亮、厚重，回音悠长。这三口钟是寺庙遗物和兴盛的重要见证。再从黔江传统习俗看，过去老百姓无论什么大小事，总要到寺庙里磕头作揖，烧香拜佛，祈求佛祖保佑，或祈添福添寿，或祈消灾避难，或祈升官发财，或祈科场晋升，或祈学业有成，或祈姻缘美满，或祈夫妻和睦，或祈生儿育女，或祈五谷丰登，或祈六畜兴旺，或祈风调雨顺，林林总总，包罗万象，只要与百姓相关的世间企盼，都成为祈求的对象，可知其已影响到社会生活和家庭生活的方方面面，而历200余年。一旦有什么得以"应验"，还会前去"还愿"，酬谢佛祖、菩萨、罗汉等保护神；若遇僧人托钵化缘者，无不解囊捐助，表达一份心愿。清代，黔江还有请僧尼到家做法事的传统，也有请其为死者超度亡

图九　铁钟（一）

图十　铁钟（二）

图十一　铁钟（三）

灵或降"鬼"除"魔"的习俗，清光绪《黔江县志·习俗》载，从俗者，丧礼"招僧道作佛事，谓之道场，每七日诵经忏，谓之烧七，三年内大作佛事，撤灵位谓之除灵蓥"[8]；"九月十九日，观音会"[9]，百姓挈老携幼，关门赶会拜祝；"四月八日，俗谓佛祖生辰，以红纸书字粘壁间，曰：'嫁毛蟲'"。红纸所书之字为："佛生四月八，毛虫今日嫁，嫁出青山外，永世不还家"，[10]将之贴于堂屋墙上或中柱，以借助佛祖法力，驱除虫灾；信者时时口念"阿弥陀佛"，以逢凶化吉。这些风俗已形成民间文化传统，可窥民众信奉程度之深，覆盖人群之广。旧时，家中正堂"神龛"（当地俗称"香火"），设有南海观音菩萨牌位，处于正中显耀之位置，也是民众信佛的一大习俗。男性老人辞世，所送的祭幛，书"驾返西天"；女性老人辞世，书"驾返瑶池"，意为去西天"极乐世界"[11]，以上种种习俗，既说明佛教文化的某些内容已化为民间习俗，又说明佛教的信仰在黔江具有大众化、普遍化、风俗化、习惯化等特征。这些信佛习俗为我国佛教文化的有机组成部分。仅是全国众多地方信佛习俗中的几大类型，有的是全国均有的，有

的是黔江特有的，有的是历史传承的，有的是新形成的。总之，它反映了丰富多彩、热烈隆重、庄严肃穆的佛教文化和信佛活动。

三、佛教文化对黔江民众思想行为及方法论的影响

佛教既是一种宗教，也是一种重要的文化现象，它调整着人们的思想行为、价值观、人生观及方法论，是集信仰、理念、组织、制度于一体的复合文化体。清代佛教文化在全国的传播、发展和繁荣，成为黔江夯实、密布的社会文化基础，这种基础既有全国各地佛教共有的普世基因；又包含黔江地方化的佛教文化因子和特色及形式，在此文化基础上，黔江佛教构建起一整套的思想观念和行为规范，影响着黔江民众社会生活的各个方面。佛教文化中的"四谛"与慈悲、平等、无常、无我的思想深入到社会民众之中，受苦受难乃前世之缘，或为后世而修，皆是有因有果的人生过程，这种思想文化宣扬传播所产生的效果，从积极方面来讲，在处理人际关系和阶层关系过程中，达到了心理上的和谐与平衡；从消极方面来讲，对维护黔江地方封建统治、麻痹人民斗志，教

导人们逆来顺受、忍辱负重，不要作任何反抗的所谓"从善去恶"作用亦不可低估，这一点正是其封建统治者与黔江地方政府大事修建寺庙宣扬佛教文化的主要动力之一。从一定意义上说，黔江地方政府对佛教思想和文化的发展、宣扬和传播，遏制和麻痹了绝大多数善良的民众，使得黔江在清代没有形成大的反封建和反压迫的势力，由此可见，佛教文化对人们思想、行为和心灵的巨大潜移默化作用和影响力。同时，佛教文化在黔江民众中也形成了一系列的行为规范和行为禁忌，人们把生产生活中的许多大大小小的事情都与佛事联系起来，形成约定俗成的社会规矩。拜佛成了一些人日常生活的重要内容，且无论大事小事，无不求之于佛，问之于佛，一切寄托于佛祖和菩萨，信佛已发展成为一种社会现象，这是黔江社会发展到一定阶段由各种社会因素积累和综合作用而出现的一种社会历史现象，一种真真切切的社会现实，实现了佛教文化和信佛行为双向交互、相互促进的效果。广大民众在佛教文化的深入发展和广泛传播中，人生价值和社会价值方面呈现一种迷茫与现实相互纠结的矛盾状态，一方面有着追求生活应有权益的最大化和摆脱受奴役受压榨的不公平的社会地位的愿望；另一方面又受佛教文化的影响，一切因果皆有缘，循环而不已，忍受着一切苦难。认为一切皆有因有果，因果相应，削弱了为人生价值、社会价值奋斗的勇气和力量。于是，一切皆属自然的价值理念在民众中潜移默化，这是再自然不过的事。此种价值结构的形成把人生意义和社会意义进行了巧妙的偷换、转移、转接、抛弃，避开了社会阶层和社会主要矛盾的现实，把人生和社会寄希望于佛祖和未来，这样的价值理念于整个社会的发展和进步不利，但有利于封建统治的巩固和发展，有利于社会的稳定。佛教文化对清代黔江社会的影响是多

层次、多角度、多结构、多方位的综合立体组合方式，它深入到当时黔江各阶层的主要组成者，不仅下层民众信奉佛教，上层富裕家族和土豪同样信奉佛教，从黔江清代建筑中的市级文保单位——富甲一方的财主、原草圭堂主人遗留的壁画上的题词"召壁风清瑶池州秀"可以佐证这一点，形成了在一定区域全民主体信佛的社会现象和社会基础，佛教文化的气息极大地笼罩着当时黔江的社会。信佛理念的大发展、大传播和大弘扬，导致民众于认识世界采取唯心主义观点，即认为意识决定物质，意识决定一切，把意识的作用无限扩大，实际是清朝统治者开出的一剂精神鸦片，认识世界和社会以虚无飘渺的佛祖、菩萨"制定"的规则为基础，以捉摸不定的上天安排为原则，以认识事物的主观愿望为原点，相信佛祖、菩萨这种超自然和超社会的力量，这种认识世界的方法论违背了辩证唯物主义思想，违背了实事求是的思想和原则，违背了客观事物运行的规律，违背了认识世界的真谛原理。总之，佛教文化无论在官方和民间、名流和市民、上层和下层、富豪和贫民、商人和小贩之间，黔江各阶层均秉持积极支持和乐于接受的开放的社会态度，成为全社会共同的大众文化基础。古代黔江人民长期生活在封建统治的压迫之下，加之恶劣的地理环境和历史形成的社会体制，在艰难困苦的生存状态中，有这么一种宗教文化使他们取得心灵上的平等感和公平感，可谓之幸也谓之不幸，既解决了现实问题又没解决现实问题，处于一种和谐与非和谐、幻想与非幻想、追求与非追求的社会矛盾之中，一直延续到佛教文化从主流社会中退出。佛教文化在清代对黔江的社会经济、政治、文化的巨大影响和作用，说明佛教的兴盛和繁荣是黔江的历史发展过程中的必然产物和必然选择，也是黔江人民在历史上付出的真实的思想和感情的一种

宗教文化。

　　清代，信佛作为国家认可和信仰的社会主流宗教文化及行为，在黔江兴盛与繁荣历经200余年，作为一种历史文化现象，深刻影响着那一时期黔江人民的生产生活，影响着黔江人民的思想和行为，我们今天如何审视这一历史事实，成为不可回避的重大历史问题，客观、公正评价佛教在黔江的发展、传播与繁荣应从古今中外的历史和现实中寻求依据，为今后如何引导和看待佛教的传播和发展起着指导作用，于今天的宗教政策也具有一定的启示意义。

参考文献：

[1]四川省黔江土家族苗族自治县志编纂委员会.黔江县志[M].中国社会出版社，1994：539.

[2]四川省黔江土家族苗族自治县志编纂委员会.黔江县志[M].中国社会出版社，1994：539.

[3] 四川省黔江土家族苗族自治县志编纂委员会.黔江县志[M].中国社会出版社，1994：.522.

[4]（清）冯世瀛，冉崇文，等.酉阳直隶州总志（酉阳自治县档案局整理）[M].巴蜀书社，2009：224—227.

[5] 四川省黔江土家族苗族自治县志编纂委员会.黔江县志[M].中国社会出版社，1994：537.

[6]（清）黔江县志（卷二）[M].光绪：315.

[7]（清）黔江县志（卷二）[M].光绪：314—315.

[8]（清）黔江县志（卷五）[M].光绪：49.

[9]（清）黔江县志（卷五）[M].光绪：48—49.

[10]（清）黔江县志（卷五）[M].光绪：48.

[11]李华山，郭兆毓.佛教在黔江的传播//黔江文史（第六辑）[C].1992：3.

梦想旅程：记洛杉矶艺术博物馆藏的17世纪中国绘画[1]

路易斯·尤哈斯 著

董 越[2] 译

（重庆中国三峡博物馆，重庆渝中 400015）

摘 要：路易斯·尤哈斯（Louise Yuhas），美国密西根大学哲学博士，西方学院美术史和视觉艺术教授。研究兴趣含中国明代山水画、中国文学传统中的地形绘画性质、佛教和佛教艺术由印度传入中亚、中国和日本的演变过程。本文通过洛杉矶艺术博物馆藏的三幅晚明杰作，对画家个人经历、家庭背景和社会背景作了考察，分析了17世纪中国个人主义绘画历史背景和艺术特点，特别对晚明"遗民"画家的绘画思潮和风格作了重点的阐述和诠释。

关键词：项圣谟；招隐图；吴派；个人主义；程正揆

在中国绘画史上，17世纪是一个独特的时期，在此期间政治动荡，改朝换代，画家们寻求新的表现手法，以一新视角看待过去和现实。在这个试验的园圃里，不乏所谓的"个人主义"绘画大师，他们的作品从根本上打破了传统的风格。在洛杉矶艺术博物馆收藏的这一时期的中国绘画精品中，有其代表人物的作品，有项圣谟（1597—1658）、程正揆（1604—1676）、龚贤（1618—1689）、萧云从（1596—1673）和石涛（1642—1707）。

明代的灭亡和由满族统治的清代的取代在某种程度上都对这些人的生活有所触动，他们大多出身于贵族或富绅阶层；其中之一，石涛是明代皇室后裔，他们均是在江南土生土长或久居江南，江南即指长江以南包括安徽、江苏和浙江省的部分地区（图一）。作为14世纪以来中国主要的商业和文化中心，在满人的征战中变为了战场，项圣谟和萧云从的家都毁于战乱，而程正揆几乎丧生于农民起义军之手。

一些常被称为"遗民"的人大多为个人主义者，他们在政治上效忠于已覆灭的明朝，并以平民自居，然而在正常情况下，作为儒教学者他们本该投身于政坛。与此相反，程正揆和其他一些人被迫效力于新兴的清政府，但由于被怀疑对政府不忠，很快被解职。于是这些画家的个人主义延伸到了他们的生活和艺术中去，

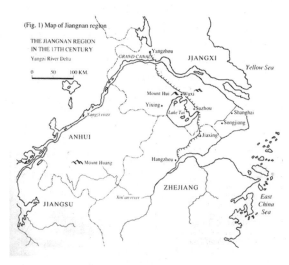

图一 17世纪江南区域图

①原文载于《东方艺术》1989年第11期，第77—86页。

②董越，男，重庆中国三峡博物馆，副研究馆员。

中国和西方的史学家均认为这两者的联系是息息相关的。由于上述原因，这些人的画鲜有被清代帝王所收藏，许多杰作流入了民间，而非被皇室所收藏。从这些画家的绘画里，我们不但可以看到他们对世事变迁做出的反应，而且可以认识到那些植根于古老历史的元素，洛杉矶艺术博物馆收藏的分别为项圣谟、程正揆和萧云从所作的三件绘画作品，为探讨这段史实提供了便捷的焦点。这里讨论的画均为手卷，时代分布在1626至1669年之间。三位画家都处于共同的社会和文化背景，并有机会接触历朝古画，其中主要是来自项圣谟的祖父。另一个起决定作用的因素是"吴派"所带来的潜移默化的影响，"吴派"泛指15至16世纪以文徵明（1470—1559）为代表的苏州画家。即使后来16世纪末崛起的具有竞争力的以松江和南京为中心的画派亦未动摇文徵明的地位，因为它的追随者仍在继续为繁荣的美术市场提供"古画"，以及他们自己作的名作。同时，17世纪在南京一带活跃的基督传教士带来的欧洲艺术亦为当时的画家提供了新的灵感源泉。

在我们讨论的三个画家中项圣谟的年岁最长，浙江嘉兴人，生于一个商贾和书香世家。其父项元汴（1525—1590）为一殷富典当商，收藏了大量16世纪的中国绘画，他本人就认识不少当时知名的画家，并收藏了其中大多数人的画，其中文徵明是他家的常客。尽管项圣谟从来没有见过他的祖父，但他继承了祖传的藏品，受其父项德达和画家叔父项德新的影响，对绘画颇感兴趣，项圣谟少年时就被引见于当时众多的文人墨客，包括董其昌（1555—1636），大约1584年前后他在项家做私塾先生。这对项圣谟后来的仕途生涯做了必要的铺

垫，但没有迹象显示他通过科举获取职位，相反他宁愿远离纷乱世事在隐居中独善其身。但他并不能摆脱世俗的纷扰，1645年他举家逃避当时席卷他家乡的战乱。1647年他回到江南后写道："闰六月廿有六日（1645），禾城（嘉兴）既陷，劫灰熏天，余仅孑身负母并妻子远窜，而家破矣。凡余兄弟所藏祖君之遗法书名画，与散落人间者，半为践踏，半为灰烬。"（译自Li and Watt，第29页）

后来项圣谟生活拮据，不得已以卖画为生，他所渴望的田园隐居生活只能在艺术里得到实现。

该博物馆收藏的一幅长手卷的年代早于那些变故，绘于1626年，当时项圣谟30岁，这是一幅早期作品，代表了画家精细的画风。事实上该画是他于1626—1648年之间作的一系列代表作的第一幅，画中贯穿了因隐居而获得的心灵和视觉的启示，并以其成熟的意境得到了董其昌的首肯，并在画的末尾留有题跋。该画画面长约24英尺，其后有题诗20行和作者一段题跋加以解释，董其昌的题跋后还有另两个当时著名的文人画家的题跋，分别是陈继儒（1558—1639）和李日华（1565—1635），二人均为项的良师益友。画的前端还有董其昌的亲笔题名。绘画、诗歌和题跋三个元素造就了一幅内容丰富、画面繁复的杰作，其诗情画意喻示了遥远的亘古和项时下所面临的现实世界（图二）。

题目《招隐图》传达了几层意思，有理解[1]为"孤独的呼唤"、"召唤隐居"或"召唤隐士"，最后一种提法是由高居翰[2]提出的，指一种古老的传统，即召唤有识之士，在国家危难之际出来报效祖国。

---

[1]译者注，英文原文为translate，意思为"翻译"。
[2]译者注，高居翰（James Cahill 1926– ），美国著名中国美术史家，著有*Chinese Painting*等。

a

b

c

d

e
图二 《招隐图》局部
作者项圣谟（1597—1658），纸本，墨笔，纵29.2厘米，长762厘米，洛杉矶艺术博物馆 洛杉矶县基金会

图三 《草堂十志图》局部
作者卢鸿（约713—741），纸本，墨笔，纵24.4厘米，台北故宫博物院

这个题目对于项圣谟本人具有深刻的含意，他在后来的作品中又再次使用此题目。在画后的题跋表达了他对古代隐士的强烈追随，将所有的挫折情绪倾注到自己未能实现隐居生活的努力之中去。他说在他那个年代人们只能幻想隐居而不能实现，他悲叹道：

"其必有先我而隐之者矣，曰招我隐可也，曰自我招隐可也，即曰自招亦无不可也，我将隐朝市而不得，隐陵薮而不得，将隐于诗画，而诗画已散落人间"。（见Li and Watt，第49页）

该手卷始作于1625年秋项在一条河上的旅途中，其先后耗时9个月完成。在题跋里项痛苦地解释道，他在大多时间都是病魔缠身，即使身体稍好时也只能在夜晚作画；所以，他估计作画的实际时间不足两个月，画的灵感来自阅读晋人陆机和左思的"招隐诗"。董其昌在他的评注里，明显地把项和唐代诗人画家王维联系起来看，王维的诗歌《辋川别业》成为了这幅以隐居为题材的诗画手卷的原型，据董其昌观察，仿佛30岁的项圣谟已在辋川度过了一生一世。陈继儒补充道，项元汴曾收藏一幅题为《草堂图》的画，作者是唐代画家卢鸿。另一幅题为《草堂十志图》（图三）的卷轴收藏在

图四　《古木寒泉图》
作于1531年，作者文徵明（1470—1559），纸本，设色，纵
53.8厘米，洛杉矶艺术博物馆　厄内斯特拉森布兰克基金会

台北故宫博物院，其中诗、画描绘了卢鸿隐居
的地方，并钤项元汴印。尽管该画是一个较晚
的古典作品，但与项圣谟的作品比较，就显示
出项圣谟是如此好摹唐代画风。

项圣谟的摹古之风实际上在很大的程度
上受了16世纪苏州文人画家和职业画家的影

响，同样亦受到真迹古画名作的启发。其作品
中精湛的画工、精细的并排树叶的画法后来被
文徵明、仇英（1498—1552）和唐寅（1470—
1523）采用。洛杉矶艺术博物馆收藏的一幅文
徵明的画（图四）显示了他的某些细微的特
征，以及古朴苍拙之风格。的确，项圣谟时代
流传的唐代大师王维和卢鸿的画均为文徵明
弟子的摹本。另外，位于项圣谟画（图二c）
正中心的钟乳石洞口的题材，喻示永生之国的
入口，事实上是吴派的固定模式。特别是活跃
于16世纪中后半叶的画家们更是乐此不疲。项
圣谟将这些元素与其他或许来自于欧洲雕塑影
响的元素结合起来，这些元素在该世纪初在江
南已经受到人们的注意，由此创作了一幅原创
的、独具个性特色、极富表现力的杰作。在画
的开始处，画有通向内部空间的路径，但在每
个转弯处都被隔断了，这意味着隐逸生活的难
以寻觅。但是一旦获得，它将为你提供一个乡
土田园世界，那里有栖身的草堂，满藏经籍字
画，有俯瞰绿树成荫小道的亭阁，有丰收的稻
田（图二b和e）。在画轴的中心有两个洞，垂
吊的蔓藤和钟乳石，隐喻入口，通往道教神秘
国度和逃避政治动乱的乌托邦的避难所，后者
在陶渊明（365—427）的散文诗《桃花源记》
里被赋予了不朽的生命力。旁边有两人站在桥
上，一个人握着对方的手，指向图的左边。
（图二d）这似乎就是召唤的时刻，那个身着白
褂的文士背向站着，迟疑不决，对其永恒的幻
想世界无奈地眷顾不舍。

项圣谟1626年作的《招隐图》与1661年程
正揆作的《江山卧游图》（图五）之间相隔35
年，明代已于1644年灭亡，项圣谟于1658年在
穷困中去世。程正揆于1604年出生，生长于一
个传统的儒士家庭，师承于董其昌本人。但与
项不同的是，程正揆取道仕途，他于1631年中
进士，当时他年仅28岁。在京奉职到1644年。

直到形势变得非常明朗，京城即将陷入起义者的手中，他才避难到南方。曾两度落入起义者的手中，并两度逃脱。刚一到达南京他便开始为明朝的残存势力效力。当南京落入满军手里后，他是少数几个未被处死的官员之一，条件是他们必须效忠于新的朝代。1549—1655年间他官升迁至工部右侍郎，但1656年因涉嫌恣意放纵和其他的指责，包括以画贿赂上司，1657年被罢官遣返回湖北老家。次年他再次返回南京，在此后的余生中他定期到南京城，直到1676年去世。程通常被称为"遗民"，在南京的"个人主义"画家圈里表现活跃，并与髡残（1612—1692）交往笃密，后者是他的湖北同乡，同时与龚贤（1618—1689）为至交，龚贤认为这两位"楚人"是当时南京的个人主义画家的代表人物。他的艺术同行还包括查士标（1615—1698）和程遂①（活动于1650—1680），后者是程正揆的一个远亲。

看来程正揆转到绘画上是相当晚的，因为他署有落款日期的画都作于1650—1674年之间。显然，1649年他在京奉职时便开始画一系列内容广泛的长轴，所有画均题为"江山卧游图"，并用数字标有次序松散的序号。中国学者杨新收集了大量的关于这一系列绘画的资料，发表在他对该画家的研究文章中。根据程画的第7卷（落款1651年）的题跋，他开始了这一系列绘画，作为一个身在京城的文官的自我排遣，他苦于被剥夺了三种东西，即消遣逸致的美丽风景、收购字画佳作的良机和供自己借鉴的艺术收藏。题目本身受到了4世纪画家宗炳②的一幅风景画上的题跋的启发，他在年老多病，

不能游历名山大川时，便在他自己的草堂里以"卧游"为题材作画，自我性情遣发。在程正揆后来收藏的字画题跋中他解释道，起先由于这些以"卧游"为题的画只是源于对自然风光的印象，他描绘的这些风景是否实际存在并不重要。在目睹了伴随着一个朝代更替而带来的苦难，以及人生命运多舛，他的画变得更富有怀旧色彩。他非常怀念过去生活过的地方以及生活方式，而一切都是不可挽回的。

程正揆原计划画100幅"卧游图"，他似乎在几十年内就达到了这个目标，但在他的余生里不断添加。洛杉矶艺术博物馆收藏的画轴，年代是1661年，150号。程的同时代人周亮工（1612—1672）称他不仅早在1663年就见到了300号画卷，并称程当时计划画500幅这样的画。他的最后一幅画435号，年代为1676年，现藏于北京故宫博物院。其他的例证中有藏于美国的74号，作于他1657年引退之前，现藏于波士顿美术馆。1658年作的90号藏于克里弗兰艺术博物馆（此画轴的第二版本藏于广州美术馆），尽管他的画并不完全具有延续性，而且总数也存在疑问，但是这些画显示了他突出的艺术成就。

程正揆1661年画的《卧游图》近20英尺长，几乎与项圣谟的《招隐图》一样长，如此一个长度，作者在他的题记里自认为是值得称道的。画的主题与项圣谟的一样，画家游历山水的旅程不是取材于一个具体的地方，而是来自画家想象力的灵感，两位画家均是从江河上旅行开始作画，在家中完成。而且程回家以后放弃了其他所有事情，专心作画，在几天之内

①译者注，程遂（1605—1691），清安徽歙县人，字穆倩，号青溪、垢区、垢道人、江东布衣。诸生。工诗文，精篆刻，擅山水。为"皖派"代表画家之一。
②译者注，宗炳（375—443），南朝宋画家。字少文，南涅阳（今河南镇平）人，家居江陵（今属湖北）。士族。东晋末至宋元嘉中，当局屡次征他作官，俱不就。擅长书法、绘画和弹琴。

便完成，这一事实反映他绘画手法更为挥洒自如；然而，项的画法更加细腻入微，并未着色。程采用了简洁而概略的笔法，并用淡水墨增强其效果。另外，两画家的风格均是摹古的，程画的古风较少，而更多地仿效了14世纪元代书法家的风格，因此他画出了一种在感观上与项圣谟的画截然不同的风格。程特别推崇黄公望（1269—1354），他看过黄的几幅画，包括现存的杰作《富春山居图》（图六），他于1657年临摹了该画。此画对于洛杉矶美术博物馆收藏的那幅晚4年的画风格影响是非常明显的。与后来的画家比较程受吴派的影响较小，而受其同时代南京画家的影响较深。

比较项圣谟画和程正揆的画（图二a和图五a）的开始部分就可以看出各自的异同之处。程的山水画更容易理解：尽管没有人物，但人们居住的房屋到处可见，便捷的小径带领我们穿过房前的围栏进入到屋内。多孔洞的太湖石属于一种园林造型，而非"原生态"。纵观他的大多数画，我们感到有人存在的迹象，多以双人出现，而不像项圣谟画中的人物，总是以孤独的文士出现，这里传达的是一种引退的感觉，而非隐居。而两作品构图的基本词汇是一致的，即隐藏在山石深处的房屋，船上的渔夫，水上的飞鸟和美景尽收眼底的亭阁（图五b和c）。两幅画的展示进程中，同样都向着一个更富有幻想色彩的旅途前行。在项圣谟画中位于构图中心的洞口，使这种效果达到了极致。在程画的构图中也能见到这种效果的延续，在其末尾达到了最奇异的形式。

在17世纪中叶，另一位与金陵画派有关系的画家就是萧云从（1596—1673）。他的个人生平不详，但据说他是安徽徽州人，该地方在17世纪发展成为了一个重要的艺术中心，他被认为是安徽派早期大师之一，他出身望族，1635年考状元未中，1642年又落榜；明朝的覆

没结束了他的仕途梦。伴随着满人的征服，萧家也毁于战乱。尽管他称不上一个政治家，与程正揆一样，他被称为"遗民"。根据洛杉矶艺术博物馆收藏的这幅画，他的号为"尺木"，字面为"一尺"或"尺子"，如果将两字重叠放起来就宛如一个"朱"字，它是崩溃了的明王室的称谓。与程正揆一样，萧云从似乎也是在引退后才开始作画的，他的最早标明年代的画作于1647年，同样与项圣谟相似，为生活所迫，有时不得不以卖画为生。

从艺术的角度讲，萧云从与项圣谟和程正揆一样均是画长轴的大师。洛杉矶艺术博物馆收藏的他于1669年作的《山水图》（图七）展开长度为14英尺，它是一幅晚期作品，作画时萧已年届74岁，该画描绘出了一种完全成熟的风格。在笔法和表现手法上与项圣谟风格相似，既有项圣谟的兼工带写之韵，又有程正揆彩墨淡染之技法。与世隔绝的亭阁形象被树木和山石所掩蔽，三两个文士正在谈古论今，这种景象营造了一种当时人们熟悉的隐逸氛围，同时奇石曲径所赋予的韵味，引导人们走向由画家幻想所指引的一种视觉上的旅程（图七b和c）。

在三幅手卷中，萧的作品对幻想王国的探索最少，山水中的路径没有给读者的理解带来更大的麻烦，然而，我们却看到向着更富戏剧性形式的方向取得了同样的效果，最终向外延长的远景直至一条宽阔的河谷，时隐时现的小道和亭阁，让这种倾向达到了顶点。画的开始部分与程正揆的相似，但构图更加简化，仿佛萧去掉了背景的山丘和其他附带的图案，使作品的某些主要形式的成分过滤出来。在这两幅画中，右下角一块半岛状的地方很容易吸引观者，一座小桥又把读者的视线带到左边。在萧的作品中，在一个高亭子里有一个人，他在向远方召唤。这种构图中常见一个或两个文士沉

图五　《江山卧游图》局部
作于1661年，作者程正揆（约1604—1674），纸本，设色，纵35.9厘米，横534厘米，洛杉矶艺术博物馆远东艺术委员会基金

图六　《富春山居图》局部
作者黄公望（1269—1354），纸本，墨笔，纵33厘米，横639.9厘米，台北故宫博物院

涵于隐逸的田园生活，在垂钓，读书或静坐沉思，末尾是作者的题款，与项圣谟《招隐图》中远山河岸有异曲同工之效果。

人们早就注意到项圣谟和程正揆的画在外观视觉的不同，这源于他们各自采用了不同风格的绘画传统。与程正揆一样，萧云从也深受元代大师的影响，然而更加得益于倪瓒（1301—1374）画的简朴的矩形构图，而较少采用黄公望笔法繁杂的画风。但他与项圣谟一样，推崇苏州派画师的摹古之风，他们将宋代绘画传统的元素与元代绘画有机地结合起来。那些向左倾斜突兀的山岩使构图逐渐向右

图七 《山水图》局部
作者萧云从（1596—1673），纸本，设色，纵24.8厘米，横429.9厘米，洛杉矶艺术博物馆阿兰C.夫妇博尔其基金

图八　《仿李唐山水》局部
作者仇英（1498—1552），纸本，墨笔，纵25.4厘米，横306.7厘米，弗利尔美术馆

展开，这些元素源于16世纪的苏州画家，如陆治（1496—1576）和仇英，以及宋代大师李唐①（约1050—1130以后；图八）。粉色和蓝色交替的冷暖色调使人联想起陆治画中的节奏。这些造型和色彩本身，包含了对天堂和永生之土的画面视觉比喻，尽管这层意思在画中颇为隐晦，但很清楚萧云从的旅程已进入一个准梦想境界，在那里人们可以远离尘世喧嚣，获得永生。

萧云从本人在明清两代更替过程中的经历在该画结尾题款中，明显地有所暗示。他写道，花了几年时间游历山水，将自己的忧愤深藏于在泥泞的小道和辽阔的江河之间，同时亦在心灵里与古人交流，在无暇外出时，效摹古人在纸上画出深山中的隐居处所。这种怀古的感情与程正揆在"卧游图"系列画中所表达的类似。最后萧以典型的文人式的自嘲作为画的结尾，因为他发现他女婿尊尼对这幅画的崇拜是可笑的，后者把卵石或鱼眼睛错认为宝石了。

同画上的第二段题跋是一个名为方兆曾的人题的（可能是尊尼的女婿），他称他与萧研究过画，萧曾经告诉他，说当时的画家尽管都了解"墨的神韵"，但并不掌握"笔的神韵"；因此他们能控制水墨，却不能利用手腕创造出书法效果。尽管我们不能确定他指的是哪些画家，但他自己的画却显示出了明显的线条和轮廓感——称为画的"骨"或"骨架"，整幅画没有任何地方失色于淡彩浅墨。

这三位画家均受明朝衰亡的动乱环境的影响，都隐匿于艺术之中，以其不朽的山水画形式和传统表达他们深刻的挫折感和失落感。他们的绘画风格较少拘泥于现存的典型程式，而不像其他更"正统"的同时代人一样，采用前人的技法，作为他们开发个人创造力的起点。每人在形式和构图上都极为相似，都描绘了一个"梦想旅程"，但每个画家内心世界都有其独特的视野。

①译者注，李唐，北宋画家，目前史学家认为其生卒年代为公元1066—1150年。存世作品有《万壑松风》、《清溪渔隐》、《采薇》等图。

参考书目：

[1]JAMES CAHILL ed.. Shadows of Mt. Huang：Chinese Painting and Printing of the Anhui School [M]. Berkeley：University of Art Museum, 1981.

[2]JAMES CAHILL ed.. The Compelling Image：Nature and Style in Seventeenth-Century Chinese Painting [M]. Cambridge： Harvard University Press, 1982.

[3]LI CHU-TSING and JAMES C. Y. Watt eds. The Chinese Scholar's Studio： Artistic Life in the Late Ming Period [M]. New York：The Asia Society, 1987.

[4]LI CHU-TSING. "Xiang Shengmo Zhi Zhaoyin Shihua" ('Xiang Shengmo's Poetry and Painting on Eremitism') , Proceedings of the Symposium on Paintings and Calligraphy by Ming I-min held at The Chinese University of Hong Kong, 1975, Cheng Te-k'un, Jao Tsung-i and Jamese C.Y. Watt eds. [J]. Journal of the Institute of Chinese Studies of the Chinese University of Hong Kong, 8.2 （Dec.1976）, pp.531-560（Chinese with English summary）.

[5]SUSAN NELSON. "On Through to the Beyond：The Peach Blossom Spring as Paradise" [J].Archives of Asian Art, vol. 39, 1986, pp. 23-47.

[6]YANG XIN. Cheng Zhengkui [M].Shanghai：Renmin Meishu Chubanshe, 1982.

[7]YANG XIN. Xiang Shengmo [M]. Shanghai：Renmin Meishu Chubanshe, 1982.

长江上游地区珍稀鱼类名实考

刘　静[①]

（西南大学历史地理研究所，重庆北碚　400715）

摘　要： 长江上游地区由于有着特殊的地貌和水文环境，生活在该地区的鱼类有别于长江中下游地区，有很多特殊种群，如东坡墨鱼、虎嘉鱼、圆口铜鱼、中华倒刺鲃、长吻鮠、岩原鲤、"鱼舅"等。

关键词： 长江上游地区；珍稀鱼类；名实考

....

从鱼类生物学的角度来说，长江上游地区鱼类的研究已有较多成果。如成庆泰、施怀仁、张春霖、施白南、伍献文等鱼类学家亲身参与鱼类资源的调查，并对相关鱼类进行了记载与介绍，写成众多考察报告和研究文章。[②] 在此基础上，对长江上游地区鱼类进行系统完整介绍的《四川江河渔业资源和区划》、《四川鱼类志》也先后出版。[1] 相较而言，对历史时期长江上游地区鱼类和渔业进行研究的不多，仅有如武仙竹、姜世碧、巴家云、刘慧等[2]，研究时段主要集中在先秦两汉时期，区域更多地集中于三峡地区。另有施白南、李思忠等对古代文献中记载的长江上游地区较特别的鱼类进行了专文探讨。[3]

鱼类名实的辨认，自古以来即是一个难题，而名实之辨乃是进行古代鱼类研究的首要。清代李渔在《闲情偶寄》"零星水族"中发此叹，"予担簦二十年，履迹几遍天下。四海历其三，三江五湖则俱未尝遗一，惟九河未能环绕，以其迂僻者多，不尽在舟车可抵之境

也。历水既多，则水族之经食者，自必不少，因知天下万物之繁，未有繁于水族者，载籍所列诸鱼名，不过十之六七耳。常有奇形异状，味亦不群，渔人竟日取之，士人终年食之，咨询其名，皆不知为何物者"[4]。加上古今记载口径的差异，复原历史时期长江上游地区所有鱼类的名实有难度，故笔者在此选取长江上游地区比较典型的几种鱼类加以研究，包括东坡墨鱼、虎嘉鱼、圆口铜鱼、中华倒刺鲃、长吻鮠、岩原鲤、"鱼舅"。

一、东坡墨鱼

东坡墨鱼（Gara pingi），属鲤科野鲮亚科，又名墨头鱼、墨鲈、黑头鱼、乌棒、黑鱼、东坡墨鱼、木钻子等。墨鱼肉肥厚，味鲜美，是珍贵的经济鱼类，分布于长江干流、金沙江、岷江、沱江以及雅砻江、安宁河、大渡河、青衣江等，尤以上游为多。墨鱼体背部深黑褐色，腹部灰白色，鳍呈灰黑色，主要生活于多乱石而水流湍急的环境中，为了减少水流

---

①刘静，女，西南大学历史地理研究所博士生。

②清末民国时期国内国外就已开始对四川鱼类资源展开调查。1958、1972—1976、1976—1978年我国又先后对长江、嘉陵江、岷江等展开了大规模的鱼类资源调查，并写成《四川省长江水产资源调查报告》、《四川省嘉陵江、涪江、渠江鱼类资源及渔业调查报告》等，施白南先生在《四川资源动物志——调查研究史略》对此问题已有详述。

的作用，常用吸盘吸附在石上。墨鱼生殖期在3—4月，一般在流水的石滩上产卵，且有集群产卵的习性。

对于墨鱼头黑的原因，古人多有探讨，却无法做出科学的解释，《古今图书集成》甚至将墨鱼归为"异鱼部"。对于墨鱼头黑最早提出说法的应为苏轼《初发嘉州》："飞舟过山足，佛脚见江浒……俄顷已不见，乌牛在中渚……云有古郭生，此地苦笺注。区区辨虫鱼，尔雅细分缕。洗砚去残墨，遍水如黑雾。至今江上鱼，顶有遗墨处。"[5]苏轼认为乃是郭璞注《尔雅》洗砚之墨使得墨鱼头变黑。与其同时代《益部方物略记》宋祁的看法则不同："墨头鱼，惟郭璞台前有之，里人欲怪其说，则言璞著书台，鱼吞其墨，故首黑。"与宋祁观点一样的还有《听雨楼随笔》一书："嘉州墨鱼，出大江尔雅台下，传郭璞在此注《尔雅》，'鱼吞墨所化'。璞未尝至蜀，其为附会无疑……郭公固多奇，此语难穷极。"[6]又如《边州闻见录》："乌尤山下，立春后产墨鱼，肥美无骨，出游不过九泓，烛以火，辄出不去。山有郭璞岩及尔雅台，其鱼云食研池水而然……郭璞《移水记》'仍于嘉州城东百步乌尤山凿书岩'，《省志》谓嘉州名始于后周。璞之入蜀，史亦无明文。"[7]二人从郭璞是否到过嘉定来质疑食墨汁致墨鱼头黑之说。也有传说是因吞食东坡之墨，如1905年，日本人山川早水在四川境内考察行至嘉定府，谈到乌尤山上的尔雅台"山下产奇鱼，名叫墨鱼"，并说当时的人们依然认为墨鱼是食东坡之砚墨进化而成。[8]很明显，墨鱼头黑是因吞食郭璞或东坡的墨汁所致之说，是没有科学依据的。从学理上解释墨鱼头黑的原因，与其生存环境有很大关系。墨鱼属于典型的山溪型鱼类，此类

鱼生活在山涧水流中，多呈深灰色，且有大型黑斑，便于生存在清水湍流中起保护作用，[9]墨鱼亦不例外。

二、虎嘉鱼

虎嘉鱼（Hucho bleekeri Kimura），属鲑形目鲑科，从鱼类分类学角度来说，常称为布氏哲罗鲑，又因主要分布于四川省岷江中上游及大渡河和陕西省汉江上游，亦称为川陕哲罗鲑，又名虎鱼、猫鱼、大口鱼、花鱼、猫儿鱼、猫子鱼、鱼虎等。虎嘉鱼为冰川期残存的冷水性山溪鱼类，亦是大型经济鱼类，喜栖居于砾石或沙石底质、两岸多高山遮蔽、河道狭窄、水流湍急、溶氧量高、水温较低的水域。虎嘉鱼性凶猛，游泳能力强，喜单独活动，食鱼及昆虫，肉嫩味美，为人所喜爱。其个体较大，体长400～500毫米，头部较宽大。

宋代《太平寰宇记》记载："维州土产，有鱼虎，有舌，口如棘，能食鱼。"[10]对于虎嘉鱼记载最为详尽的莫过于《听雨楼随笔》："虎鱼，出泸定桥。巨口细鳞，肉白而肥，鲜美无细骨，小者亦重数十斤。性食鱼，群鱼畏之如虎……此鱼钟育异，江湖腾掣争惊夸。冲波力大健于虎，横噬水族长专车。巨骨中挺绝旁出，肥腴鲜白羞豚豭……昨宵巨钩香饵，长绳受困辞长叉。"[6]虎嘉鱼矫健的身姿跃然纸上，虽如此，依然难逃渔夫们的层层捕捞。清代《维州竹枝词》："鱼虎由来好食鱼，相残同类竟何如？鱼虎，出州西紫石关等处，性嗜鱼，俗名鱼猫子。"[11]方志文献中也多有记载，"虎鱼，出河道，俗呼猫子鱼，独骨无刺"[12]。芦山县载有"猫子鱼，□北门河"[13]。1"猫鱼，头似猫，口有齿，甚锐，独刺，肠胃一贯，常捕食鱼类。"[14]"猫鱼，头

似猫，齿锐，能食鱼，肉美，漩口乡山溪涧有之。"[15] "鱼虎，四腮独刺，仅□改丁河产之，味绝美，人至比之松江鲈鱼"[16]。"鱼虎，亦鱼，也能食众鱼。"[17] "鱼虎，寰宇记出维州，有舌，口如棘，能食鱼"[18]。"鱼虎，《太平寰宇记》有舌，口如棘，能食鱼。"[19]大邑县亦载有"鱼虎"[20]。

由于对历史时期的虎嘉鱼尚没有系统研究，故难免有错讹之处。如何业恒先生认为《本草纲目·鳞部·嘉鱼》及《文选》中所说的"丙穴嘉鱼"即为虎嘉鱼[21]。成庆泰先生亦认为《益州记》所说的"丙穴嘉鱼"即是虎嘉鱼。很明显，丙穴嘉鱼与虎嘉鱼绝不是同一种鱼，虎嘉鱼没有如丙穴嘉鱼"二三月随水出穴，八九月逆水入穴"的习惯，且虎嘉鱼口有利齿，从分布范围来讲亦不匹配。此外，施白南先生认为《蜀中广记》所说的"长鱼"应是虎嘉鱼，[22]笔者认为有一定道理。《蜀中广记》："《越嶲志》卫北二十五里鱼洞河，源出吐蕃，合罗罗河入大渡河，其中出大鱼，《汉志》邛部河长鱼是也。"[23]实质上，《蜀中广记》亦是引用的《后汉书》的记载："邛都夷者武帝所开以为邛都县，无几而地陷为污泽，因名为邛池，南人以为邛河。在今嶲州越嶲县东南，《南中八郡志》曰邛河纵广岸二十里，深百余丈，有大鱼长一、二丈，头特大，遥视如戴铁釜状。"《太平御览》亦有相同记载。对于同样一段引文，明杨慎《异鱼图赞笺》说："汉志邛部有河中产鱼，长一二丈，头特大，遥视如戴铁釜状，即鲔也。"其认为是"鲔"，即鲟鱼类，根据其前文的描述，具体来说杨慎应认为是白鲟。到底"长鱼"是什么鱼？首先，从分布范围来说，应不是白鲟。白鲟主要分布于长江干流各江段，其中又以金沙江下段居多，葛洲坝、三峡大坝修建以前，即使是上溯产卵，产卵场分布的上限应是雷波县冒水公社一带（今屏山县冒水乡）[24]，不大可能在鱼洞河、罗罗河出现。其二，"长鱼"有可能是虎嘉鱼。虽然现今虎嘉鱼体长仅400～500毫米，与这里所说的"一二丈"相去甚远。从历代文献中描述可看出，虎嘉鱼个体呈逐渐变小的趋势。明代《听雨楼随笔》说"小者亦重数十斤"（明代一斤约为今596克）。1940年，施白南《四川之特产食用鱼类》一文亦介绍此鱼，说其"体长三尺许"，大约1米，也远大于现今个体。这里所说"一二丈"相当于现今的约2～4米，在汉代这是有可能的。再次，据文献记载光绪年间越嶲厅依然有虎嘉鱼分布。综上，笔者认为这里所说的"长鱼"应是虎嘉鱼。

三、圆口铜鱼

圆口铜鱼（Coreius guichenoti），属鲤科鮈亚科，别名肥沱、方头、水密子、圆口、麻花鱼、出水烂等，文献中又记载为"水鼻子鱼"。该鱼体前部呈圆筒形，全身呈古铜色，肉嫩肥美，富含脂肪，是上等经济鱼类，多产于长江上游干支流中。

"水鼻子鱼，鳞细而多刺，味极鲜美，口圆，俗呼为圆口，味尤佳，惟出水不耐久，故名出水烂。"[25] "水鼻子，又名出水烂，鳞细，刺多，口圆，美。"[26] "水鼻子，鱼鳞细而多刺，味极鲜美，口圆者，俗呼为圆口，味尤佳，惟出水不耐久，故名之曰出水烂。"[27]实际上，长江上游地区分布的铜鱼属有铜鱼（Coreius heterodon）和圆口铜鱼两种，二者之间主要差别在于其口部。铜鱼，口呈马蹄形，圆口铜鱼口呈弧形，上述皆提到"口圆"，应是圆口铜鱼。下面的两条文献没有明确说明，暂且只能判定其是铜鱼属。"水篦鱼，体圆，鳞细，色白，肉嫩，味极美，宜蒸食，惟多刺，俗名出水烂。"[28] "江鮀，名肥鮀，又名水鼻子，脊甲脆，出水即毙，腹多脂，肠无粪滓，细鳞肉白，逢丙出穴。"[29]所说的"逢丙出穴"应是附会之言，圆口铜鱼主要生活在河道中，喜流水，常活动于急流的河心、河滩或洄水沱中，并无按期入穴之说。又有写为"鱲"，民国《江津县志》："鱲，俗名水鱲子，孙注《尔雅》：刀鱼与鱲别。刀鱼状狭而长，如长薄尖刀，细鳞白色，肉中多细刺。鱲与之近似，形纤削而味清寯，邑中产者尤美。"[30]从其描述"细鳞，肉中多细刺"可知应是圆口铜鱼。

四、中华倒刺鲃

清波鱼，学名中华倒刺鲃（Spinibarbus sinensis Bleeker），鲤形目鲃亚科。清波口呈马蹄形，分布于长江流域干支流，尤以上游为多，肉嫩味美，较少细刺，是重要经济鱼类之一。文献中提到清波鱼多是谈及其颜色，即"色青"，这也是其得名的原因之一。描述其外表特征则是采用类比的方式即"似鲤"。如清波鱼："色青，因以名之。"[31]"清波鱼，似鳊而大鳞，肥美极细，色微青，出思济河。"[32]"清波，形似鲤，而色微青，有光滑，肉腻味鲜，刺不杂碎。"[32]"清波，似鲤，长一二尺，鳞青尾黑。"[33]又有写作"清薄"，"薄"作何解释，如"新乡产清（鱼薄），青（鱼薄），色青而质薄也"[34]。"青薄，似鲢而青，体薄味美。"[29]

方志中有将清波鱼呼为"青鱼"。"清波，一名青鱼，鲫之变种。"[35]"青鱼，即清波"[36]。"清波，一名清鱼。"[37]咸丰《邛野录》："青鱼……曰五侯鲭，俗呼清波鱼。"现代科学命名法下的青鱼（Mylopharyngondon piceus），即我们经常所说的四大家鱼"青、草、鲢、鳙"中的"青鱼"，属于鲤形目雅罗鱼亚科青鱼属，虽然呼为"青鱼"，但二者并

不是同一种鱼。也有将其二者区别开的，如同治《高县志》卷五十同时载有"清波、青鱼"。

亦有说清波与"五侯鲭"有关。实质上，与"五侯鲭"有关的是青鱼，而不是清波鱼，这是沿袭清波鱼即青鱼的错误而来。《异鱼图赞》："青鱼，江有青鱼，其色正青，淅以为鲊，曰五侯鲭。"[38]《异鱼图赞笺》："青鱼以色名也，大者名鳞鱼，俗名乌鳢，状似鲵、鲩，而背正青色，食螺蚌。南人多以作鲊，所谓五侯鲭是也。腊月取胆，阴干，用主治目昏。"[39]通过其"食螺蚌，胆可做药"的描述可知青鱼即是四大家鱼中的"青鱼"。同治《会理州志》载："鲭，别名曰鳞，曰五侯鲭，俗呼清波鱼"，误也。[40]民国《新繁县志》："清波鱼，南高平物产记青鱼，俗呼清波鲤，似石鲫，引图经本草云，似鲩，背正青，南人多以作鲊，古人谓五侯鲭即此。县产者，尾青似鲤，嘴曲向下，大者二三斤。"[41]从其描述的特征来看，说的是清波鱼，即中华倒刺鲃，却将青鱼的相关记载混进去了。

五、长吻鮠

"水底羊"，学名长吻鮠（Leiocassis longirostris），别名江团、肥鮀、鮰鱼、鮁赖鱼，素有"假河豚"之称，又被喻为"西施乳"。体裸露无鳞，体色粉红或灰黑。肉质细嫩，细刺少，味美，是上等鱼品。其肥厚的鳔，干制后为名贵的鱼肚，属肴中珍品。该鱼分布广，产量大，是长江上游干流及其支流的主要鱼类之一。抗战时期，乐山江团亦是像下江的螃蟹一样，用飞机运往重庆，出现在阁老们的餐桌上。[42]近年来长江干流资源较稳定，支流资源已显著减少。

早在宋代鮰鱼已经为人们熟识，它的美味让苏东坡赞不绝口，创作了一首《戏作鮰鱼一绝》，将其与河豚和鲥鱼作比，"粉红石首

仍无骨，雪白河豚不药人。寄与天公与河伯，何妨乞与水精鳞"[43]。《异鱼图赞笺》亦载："洄鱼，河豚药人，时鱼多骨，兼此二美而无两毒，粉红雪白洄美堪录，西施乳溢，水羊胅熟。"《本草纲目》对其名称有详细记载："鮠鱼，音桅，释名鮰鱼（音回），鳠鱼（化、获二音），（鮤）鱼，鱼鮾（癞）鱼，北人呼鳠，南人呼鮠，并与鮰音相近，尔来通称鮰鱼，而鳠、鮠之名不彰矣。（鮤）又鳠音之转也，秦人谓其发癞呼为鮾鱼。鮠生江淮间，无鳞甲，亦鲟属也。头、尾、身、鳍俱似鲟状，惟鼻短尔，口、目亦在颔下，骨不柔，脆。腹似鲇鱼，背有肉鳍，尾有岐。"[44]又有《诗传名物集览》："鮠鱼似鲇而大，色黄白，背有肉鳍，秦人谓其发癞呼为癞鱼，皆无鳞。"[45]

江上游地区又将鮰鱼呼为"水底羊"，如"江团，一名水底羊，无鳞而肥美，然易败"[29]。"肥鮀，无鳞，类鲢鱼，头、吻皆尖，骨少于鲢，而脆美过之，其产于海螺堆者，土人名水底羊，味尤胜。"[46]"鮰，一名洄鱼，（音癞），一名水底羊，今人以作假河豚者也。"[47]"洄鱼，一名水底羊，东坡有洄鱼诗。"[36]"鮰鱼，生江中，无鳞骨，即苏轼诗所咏者。"[48]"姜家渡、鸿化山等处有所谓江鱄者，头圆，口小，眼细，色黄，无甲刺，多脂，亦鱼中珍品也。"[49]"江团，形似鲢而头部较圆，色淡黄而白皮，肉细腻，味极鲜美，产于治东龙门场之沱中，青居曲水间亦产之。"[50]

需要注意"鮠鱼"不一定就指江团，河豚亦有称之为"鮠鱼"。"本草所载河豚乃今之（鮍）鱼亦谓之鮠鱼，非人所嗜者江浙间谓之回鱼者是也"。[51]"鮰鱼"也不一定就指江团，亦有将鳜鱼称之为"鮰"者。如"石桂鱼，即鳜鱼，一名翳鱼，一名水豚，又有鮰称。"[36]"石桂鱼，即鳜也……笔乘谓鳜有肚能嚼，名鮰鱼，遯园亦以鳜鱼为鮰，引张志

和桃花流水鳜鱼肥，此误矣。盖因乡语谓鳜为计，故以鳜本音桂，与鮰近也。"[52]看来，桂鱼有时候也称为"鮰"。同名异物的现象一定要仔细加以辨析。

六、岩原鲤

岩原鲤（Procypris rabaudi），属鲤形目原鲤属，又名岩鲤、黑鲤鱼、墨鲤、岩鲤鈀。体侧扁，腹部较圆，头小，呈圆锥形，鳞细，生活时头部和体背部呈深黑色或黑紫色。分布于长江上游各支流，以嘉陵江和岷江较多。岩原鲤常栖息在水流较缓的地质多岩石的深水层，经常出没于岩石之间，冬季在河床的岩缝或深坑中越冬。岩原鲤的生存环境与岩石关系密切，应是因此得名。

晚清民国四川方志文献在描述其形态时多是提到"似鲤"，并将其与鲤鱼做比较。除此以外，亦说岩鲤古名"鲂"。"岩鲤，即鲂也，似鲤，头小，腹阔，扁身，细鳞，肉腻味鲜。"[25]"岩鲤，巴县、涪州出。"[53]"鲤鱼……江中产岩鲤，状与常鲤异，乃别种。"[54]"缁鱼，似鲤而黑色，身圆头扁，骨软，长者尺余，其子满腹，有黄脂，邑人呼为岩鲤。"[28]"岩鲤，似鲤而鳞细。"[55]"岩鲤，古名鲂，形似鲤，头小，身扁，腹阔，鳞细。"[26]（同治）《璧山县志》、（民国）《南溪县志》载有岩鲤。描述岩原鲤"似鲤"，是因为在未采用西方科学生物描述方法之前，中国古代文献多是用类比的方法来对某物种进行描述。即使到了民国时期，由于四川地处偏远，尚未完全采用西方科学记叙方法的影响，故如此。"鲂"是否指的就是岩鲤呢？"鲂，一名鳏，此今之青鳊也……细鳞，缩项，阔腹，鱼之美者，盖弱鱼也。其广方，其厚编，故一曰鲂鱼，一曰鳊鱼。鲂，方也，鳊，褊也。"[56]"鲂，缩头，穷脊，博

腹，色青白而味美，今之鳊鱼也，汉水中者尤美。"[57]"鲂"，即是鳊鱼，属鲤形目鲌亚科鳊鱼属，岩原鲤古名"鲂"说法有误。

七、鱼舅

清代四川嘉州地区（即今乐山市）较多记载一种名为"鱼舅"的鱼。最早记载"鱼舅"之名的应为《异鱼图赞》："嘉州鱼舅，载新厥名，鳞鳞迎媵，夫岂其甥。其文实鰪，江图可征。说文鰪，一名当魱。"[38]对于"鱼舅"的认识，当时主要有两种观点，一是认为"鱼舅"即是"鰪"，一名"当魱"，与《异鱼图赞》所说相吻合。其二，认为嘉鱼亦叫"鱼舅"。如"《郡国志》嘉鱼，蜀中谓之拙鱼，亦名鱼舅。"[39]《蜀中广记》："《郡国志》嘉鱼，蜀中谓之拙鱼，亦谓之鱼舅也……又云嘉州鱼舅，载新厥名，鳞鳞迎媵，夫岂其甥。其文实鰪，江图可征。"[23]

"鱼舅"并非就是嘉鱼。见《四川通志》，"鱼舅，味极佳，惟嘉定州有之"，与此同时又载有"嘉鱼"，[58]可推知《四川通志》认为"鱼舅"并非嘉鱼。王士禛在《池北偶谈》中谈到"鱼舅、鱼爷，蜀中自嘉定至隆庆，江间有鱼，曰鱼舅。杨用修《异鱼赞》云'嘉州鱼舅，载新厥名。鳞鳞迎媵，夫岂其甥。其文实鰪，江图可征'。或以为嘉鱼，非也"[59]。同样，他指出"鱼舅"并非嘉鱼，但其认为"鱼舅"即是"鰪"，和《异鱼图赞》观点相同。"鰪"指的是什么鱼呢？《尔雅·释鱼》有载："鰪，当魱。"郭璞注云："海鱼也，似鳊而大鳞，肥美多硬，今江东呼其最大，长三尺者当魱。"疏云："鰪，一名当魱，海鱼也。"《正字通·释魱》有云："魱音互，别名鲥，一名鰪。"看来，鰪，即鲥鱼。"鱼舅"是否是"鰪"，即鲥鱼呢？

"鱼舅"并非鲥鱼。鲥鱼平时生活于海水中，对水温要求较高，最适宜的生长温度为20~22摄氏度，低于7摄氏度或高于30摄氏度时就不摄食并出现死亡现象。虽有回溯产卵的习性，但其在长江的产卵场，比较集中在鄱阳湖及赣江一带，少数逆水而上到洞庭湖入湘江，极少数会上溯到宜昌附近。对于其上溯的范围，文献中早有记载，明代冯时可《雨航杂录》："鲥鱼者，夏以时至，故名……游至汉阳，生子化鱼而复还海。"[60]徐岳《见闻录》："鲥鱼虽江鲜，实海错也，故其溯大江而上，不越安庆、九江。"[61]既然鲥鱼不可能出现在长江上游的嘉定地区，那"鱼舅"肯定不是鲥鱼，但可能形态上与鲥鱼较相似，故笔者多有误察。

梳理地方志，发现清代洪雅、夹江、峨眉、大邑、犍为、屏山、珙县、宜宾等地均有"鱼舅"分布。据此《池北偶谈》中"鱼舅"的分布范围有疑问。一般谈鱼类的分布，多是以水系来讲述。王士禛说"嘉定至隆庆"，笔者翻阅四川历代政区沿革名称仅只有一个"隆庆"的地名，即是南宋绍熙元年设于今四川剑阁县的隆庆府。隆庆府设置的时间很短，元代至元二十年就改为剑州，地理位置并不沿江，且若是"隆庆"，地理范围跨度太大。结合县志中记载"鱼舅"的分布地，笔者推测应为崇庆州（治所在今四川崇州市，亦位于岷江边），而非"隆庆"，仅一字之差，王士禛误写，这是有可能的。可以看出"鱼舅"在川南地区的岷江中游及青衣江流域多有分布。

对于"鱼舅"究竟是什么鱼，我们可以通过县志的记载来做一推测。"鱼舅，俗名烧火老鱼。"[62]（民国）《犍为县志》这个记载，是唯一说明了鱼种的，对于这里所说的"烧火老鱼"，查阅《岷江鱼类调查及分布的研究》一文，歧尾斗鱼地方名即为"烧火老鱼"。歧尾斗鱼是不是"鱼舅"呢？很明显不是。歧尾斗鱼分布于长江以南地区的江河、湖泊、池塘等，且味道并不美。"鱼舅，广宇记嘉州出，味极佳。"[63] "鱼舅，嘉州出，味极佳，州志云名鳙鱼即此，在在有之，不限时地，味为诸鱼之冠。"[29]清陈聂恒《边州闻见录》："鱼舅，川南鱼之嘉者为鱼舅，鼻垂钩。"[7]《蜀中广记》："又有客朗鱼，似鲫，肉嫩而美，不恒有也。"[23]看来，"鱼舅"味美，其中以嘉州所产有名。

民国时期，任乃强先生记载宝兴、芦山一带的鱼洞子时谈到一种鱼类似于鲫鱼："鱼洞子鱼异……每年春、秋季各一二十日内，常有大鱼自穴流出，多如富春之鲫。夜间尤盛，土客人民，恒于此时往伺之，一夜得鱼数十斤不等。一时鱼价为之大贱，每元可得十斤。其鱼初出穴，懵懵如失知觉，随水行地十余步后，始渐活泼。伺鱼者即乘出洞时手拾之，不藉网罟。"[64]刚出穴之鱼，因为穴内氧气较少，突然出穴接触到外界，氧气较多，易于出现上述所说的情况。人们总结经验等候洞边，轻松捕获。根据文献所知，"鱼舅"在川南地区的岷江中游及青衣江流域有分布，此流域范围内的宝兴、芦山等地应也有。结合任先生所记，笔者推测其为"鱼舅"。

虽无法得知"鱼舅"为何鱼属，但可推测"鱼舅"形态上应类似于鲫鱼，且味美；在川南地区的岷江中游及青衣江流域有分布，尤以今乐山一带为著。至于具体是什么鱼，只有等以后才能揭晓了。

参考文献：

[1]施白南主编.四川江河渔业资源和区划，重庆：西南师范大学出版社，1990.

丁瑞华主编.四川鱼类志成都：四川科学技术出版社，1994.

[2]武仙竹.巴人与鸬鹚渔业，农业考古，2004（1）.

姜世碧.四川古代渔业述论，四川文物，1995（6）.

巴家云.略论四川汉代的渔业生产，四川文物，1993（4）.

刘慧.三峡地区新石器时代渔业考古研究，重庆师范大学硕士学位论文，2010.

[3]李思忠.我国古书中的嘉鱼究竟是什么鱼，生物学通报，1986（12）.

施白南,陆云荪.我国早期有关鲟鱼类记述的研究//西南师范大学学报（自然科学版），1980（2）.

[4]李渔.闲情偶寄[M].上海：上海古籍出版社，2000：286.

[5]翁方纲.苏诗补注[M].文渊阁《四库全书》影印本.

[6]王培荀著，魏尧西校.听雨楼随笔[M].成都：巴蜀书社，1987：362.

[7]（清）陈聂恒.边州闻见录（卷九），清代云南稿本史料（上），上海：上海辞书出版社，2011：182.

[8]（日）山川早水：巴蜀旧影——一百年前一个日本人眼中的巴蜀风情[M].成都：四川人民出版社，2005：195.

[9]施白南.四川之特产食用鱼类//农业推广通讯[J].1942（4卷）（10）.

[10]乐史撰，王文楚校.太平寰宇记（卷七十八）[M].北京：中华书局，2007：1579.

[11]雷梦水等编：中华竹枝词[M].北京：北京古籍出版社，1997：3473.

[12]（光绪）越嶲厅志·物产（卷三）//中国地方志集成·四川府县志辑[M].成都：巴蜀书社，1992.

[13]（民国）芦山县志（卷三）//中国地方志集成·四川府县志辑[M].成都：巴蜀书社，1992.

[14]（民国）汶川县志·物产（卷四）//中国地方志集成·四川府县志辑[M].成都：巴蜀书社，1992.

[15]（民国）灌县志·物产（卷七）//中国地方志集成·四川府县志辑[M].成都：巴蜀书社，1992.

[16]（民国）荥经县志（卷二十）//中国地方志集成·四川府县志辑[M].成都：巴蜀书社，1992.

[17]（咸丰）天全州置志（卷二）//中国地方志集成·四川府县志辑[M].成都：巴蜀书社，1992.

[18]（同治）直隶理番厅志·舆地（卷一）//中国地方志集成·四川府县志辑[M].成都：巴蜀书社，1992.

[19]（道光）《绥靖屯志》卷四//中国地方志集成·四川府县志辑[M].成都：巴蜀书社，1992.

[20]（民国）《大邑县志》卷十//中国地方志集成·四川府县志辑[M].成都：巴蜀书社，1992.

[21]何业恒.中国珍稀爬行类两栖类和鱼类的历史变迁【M】.长沙：湖南师范大学出版社，1997：131.

[22]《四川资源动物志》编辑委员会主编.四川资源动物志[M].成都：四川人民出版社，1982：1.

[23]曹学佺.蜀中广记（卷六十），中国西南文献丛书西南史地文献第26卷[M].兰州：兰州大学出版社，2003：258.

[24]吴江、吴明森.金沙江石鼓到宜宾段鱼类资源的概况及其利用问题//西南师范学院学报[J].1985（1）.

[25]（民国）新修合川县志·土产（卷十三）//中国地方志集成，四川府县志辑[M].成都：巴蜀书社，1992.

[26]（光绪）岳池县志·物产（卷六）//中国地方志集成，四川府县志辑[M].成都：巴蜀书社，1992.

[27]（道光）江北厅志·物产（卷三）//中国地方志集成，四川府县志辑[M].成都：巴蜀书社，1992.

[28]（民国）长寿县志·物产（卷十三）//中国地方志集成，四川府县志辑[M].成都：巴蜀书社，1992.

[29]（民国）乐山县志·经制志（卷七）//中国地方志集成，四川府县志辑[M].成都：巴蜀书社，1992.

[30]（民国）江津县志·风土志（卷十一）//中国地方志集成，四川府县志辑[M].成都：巴蜀书社，1992.

[31]（民国）灌县志·物产（卷七）//中国地方志集成，四川府县志辑[M].成都：巴蜀书社，1992.

[32]（光绪）荣昌县志//中国地方志集成，四川府县志辑[M].成都：巴蜀书社，1992.

[33]（民国）丹棱县志（卷十六）//中国地方志集成，四川府县志辑[M].成都：巴蜀书社，1992.

[34]（光绪）威远县志·食货志（卷二）//中国地方志集成，四川府县志辑[M].成都：巴蜀书社，1992.

[35]（民国）名山县志·物产（卷四）//中国地方志集成，四川府县志辑[M].成都：巴蜀书社，1992.

[36]（民国）重修彭山县志·物产（卷六）//中国地方志集成，四川府县志辑[M].成都：巴蜀书社，1992.

[37]（民国）苍溪县志·物产（卷八）//中国地方志集成，四川府县志辑[M].成都：巴蜀书社，1992.

[38]杨慎撰.异鱼图赞（卷三），文渊阁《四库全书》影印本[M].

[39]胡世安.异鱼图赞笺（卷三），文渊阁《四库全书》影印本[M].

[40]（同治）会理州志·物产（卷十）//中国地方志集成，四川府县志辑[M].成都：巴蜀书社，1992.

[41]（民国）新繁县志（卷三十二）//中国地方志集成，四川府县志辑[M].成都：巴蜀书社，1992.

[42]马各.金线鱼//风土什志[J].1943（1卷）（1）：58.

[43]苏轼.东坡全集（卷十四）[M].文渊阁《四库全书》影印本.

[44]李时珍.本草纲目（卷四十四）[M].北京：人民卫生出版社，2004.

[45]陈大章撰.诗传名物集览（卷六）[M].文渊阁《四库全书》影印本.

[46]（民国）富顺县志·食货（卷五）//中国地方志集成，四川府县志辑[M].成都：巴蜀书社，1992.

[47]嵇璜、曹仁虎等撰.钦定续通志.文渊阁《四库全书》影印本[M].

[48]穆彰阿.大清一统志（卷二百八十）.文渊阁《四库全书》影印本[M].

[49]（民国）眉山县志（卷三），//中国地方志集成，四川府县志辑[M].成都：巴蜀书社，1992.

[50]（民国）新修南充县志·物产志（卷十一）//中国地方志集成，四川府县志辑[M].成都：巴蜀书社，1992.

[51]沈括撰.梦溪笔谈补笔谈卷下[M].文渊阁《四库全书》影印本.

[52]方以智.通雅（卷四十七）[M].文渊阁《四库全书》影印本.

[53]（道光）重庆府志·食货志（卷三）//中国地方志集成，四川府县志辑[M].成都：巴蜀书社，1992.

[54]（民国）巴县志·物产（卷十九）//中国地方志集成，四川府县志辑[M].成都：巴蜀书社，1992.

[55]（民国）合江县志（卷五十一）//中国地方志集成，四川府县志辑[M].成都：巴蜀书社，1992.

[56]陆佃撰.埤雅（卷一），丛书集成初编[M].北京：商务印书馆.

[57]罗愿撰，洪炎祖释.尔雅翼（卷二十八），丛书集成初编[M].北京：商务印书馆，1935.

[58]杨芳灿、杨明.四川通志（卷三十八之六）[M].成都：巴蜀书社，1984：2433.

[59]王士禛.池北偶谈卷二十[M].北京：中华书局，1982：492.

[60]冯时可.雨航杂录[M].文渊阁《四库全书》影印本.

[61]徐岳.见闻录[M].上海：上海书店出版社，1994.

[62]（民国）犍为县志·物产志（卷十）//中国地方志集成，四川府县志辑[M].成都：巴蜀书社，1992.

[63]（同治）嘉定府志·物产志（卷七）//中国地方志集成，四川府县志辑[M].成都：巴蜀书社，1992.

[64]任乃强.川边游踪之天芦宝札记[M].北京：中国藏学出版社，2010：71.

近现代川江航道图编绘补录①

李　鹏②

（西南大学历史地理研究所，重庆北碚　400715）

摘　要： 本文在前人研究的基础上，进一步补充了近现代川江航道图编绘的版本、内容及其流传过程，特别是系统补录了一些新发现的西文川江航道图，以期有助于目前的川江航运史研究。同时认为，走向现代性和科学性是近现代川江航道图编绘的最主要特征，但如何从技术流转、文化传播、社会影响的角度来思考晚清以来川江航道图编绘的历史，当是日后研究的方向所在。

关键词： 川江航道图；近现代；补录

川江河道历来水势险峻，不仅河床甚深，曲折迂回，而且河道多有险滩，行船稍有不慎，即有失吉之患。晚清以来，为使川江往来船主认明水径，有关川江航道图的编绘从无到有，逐渐增多，在绘制手法上，逐渐从中国传统山水技法向现代技术测绘过渡。目前，学术界对川江航道图已有初步研究，特别是蓝勇先生《近代三峡航道图编绘始末》一文对近代川江航道图的编绘作了较为深入的研究[1]，但上述研究多关注晚清以来国人所绘的川江航道图，对近代西方人所绘制的川江航道图则少有涉及。本文在此基础上，对近代以来川江航道图作进一步的梳理和补录，特别增加了近代西方人所绘的川江航道图，资料时段亦截止到20世纪80年代。

一、近现代国人所绘川江航道图补录

1.峡江救生船志

《峡江救生船志》系（清）湖南平江贺笏臣（后归姓罗）编辑，光绪四年（1878）刻本，正文二卷二册，附刻《行川必要》一册，《峡江救生船志图考》一册，共四册。北京国家图书馆古籍部与四川大学图书馆古籍部均有收藏。另台湾"中央研究院"傅斯年图书馆收藏有光绪后期修订的《峡江救生船志》，文字和图录与此版文字差异较大。

《峡江救生船志》是记录川江三峡地区水文地理、沿岸风土人情、名胜古迹的大型航道图籍。此书从湖北宜昌写起，溯江而上，一直到万县（今属重庆），中间历经瞿塘峡、巫峡和西陵峡，记录沿途险滩礁石分布与一百八十多个地名，全面展示了峡江导航、救生与标险等行江概要，甚为珍贵。所附图考共六十八幅分图，刻绘精细，刊工峭劲，不仅为清季版画之杰作，也是不可多得的三峡风景巨幅画卷。可以这样说，此书既是"川行必读"，也是一本"行船指南"，更是难得的"三峡全貌图"，也是我国保留下来编绘最早的川江三峡段航道救生地图，对研究三峡地区地理变迁和风土人情也有着十分重要的价值。

①本文获西南大学2015年度"中央高校基本科研业务费专项资金资助"，项目批准号：SWU1509379。
②李鹏，男，西南大学历史地理研究所博士研究生。

2.四川省额设救生船只驿站渡船水手挑夫各项数目图说

此图系绘本彩图，由清末四川按察使司绘制，光绪二十九年（1903）成图，61cm×106cm，现藏中国国家图书馆善本室[2]。

川江自古滩多水险，舟行多有沉覆之险。明清时期，为减少失吉之事，一些地方官员开始在川江上游江河险滩上设置木船专司对失吉船只的抢救，因救生船多用红色涂刷，故多称为"救生红船"。图中用粗细不同的双线条表示川江水系，用方形套圆、方形与圆形分别表示府州县治所，用船型符号表示救生船与渡船，依次标注当时川江额设救生船只、渡船与水手挑夫的数目及分布，较为客观地反映了清末川江航道管理与救生制度的详细情况，当是国内最早描绘长江上游航道救生制度的专题性单幅地图。

应该看到，虽然从成都到宜昌长江上游全段都有救生船分布，但真正只有重庆周边以及三峡航段才能体会其价值。目前，学术界对长江上游航道救生船制度已多有研究[3]，已将此图参照比对《峡江救生船志》以及清代方志、巴县档案、内阁大库档案中的相关记载，复原出长江上游救生船只的空间分布结构与流变过程，研讨了清代长江红船在公益慈善救捞中的地位。然而，如何从中国地图学史、慈善救助史等方面对此图进行深入研究还有极大的学术空间，其功用当比我们所认知的还要广泛。

3.川江标杆救生船图（见图一）

国人所绘川江河道图始于光绪四年（1878）《峡江救生船志》图，到光绪九年（1883），宜昌总兵罗笏臣编《峡江救生船志》、《行江必要》，并附以图考，但其图绘范围仅为东湖至巴东之航道。光绪十五年（1889）巴县令国璋编纂《峡江图考》（又名《川江图说》），凡九十七幅，绘制宜渝间

水道以备参考。民国十二年（1923），江北杨宝珊复就国璋所绘图册附以《川江行轮免碰章程》、《轮船悬灯图说》、《万县分关章程》、《川江标杆救生船图》等，重新名之曰《最新川江图说集成》，由重庆中西书局印行。其中价值最高者，即为《最新川江图说集成》所增之"川江标杆救生船图"。

图中右侧空白处用中文说明所绘航道范围，注明为"扬子江—由宜昌至重庆"，下方又译以英文"YANGTZE RIVER—ICHANG TO CHUNGKING"，再下虽标注比例尺，但并未说明具体单位如何。左上方为编者自著航道水程图说，现照录如下：

"此宜渝航线图，用海军测量法制成，共三百五十迈尔（海里名称）。每迈尔合中国三里余，共一千二百里上下，普氏扬子江准此推算，今航行家皆宗之。至若《行川必要》定为一千八百里，《峡江图考》定为一千七百五十里，愚按后二说系照前清驲程计算，大约以城镇市为归宿。水有大小，跨溪越涧，自有远近不同，且木船沿岸曲行，不若轮船之直趋中流，阅者谅之。宝珊氏志。"[4]

图中右下方为图例，大致分为三类，一为警告标志，二为救生船标识，三为海阔水准。其中，警告标志分为上水轮船将到、下水轮船将到、上下轮船俱来、前途轮船甚多（或在滩上、或在漕口窄处）四类。救生船标识分为常有救生船、大水始有救生船、大中水有救生船、小水有救生船、中小水有救生船、时有时无等六类，另辅以电局、警告标志、城等三种符号。海阔水准分为平水、水势上升、水势速涨、水势下落、水势速退等五种。

应该看到，此图当是杨宝珊据英国人蒲兰田（S.C.Plant）所绘"扬子江宜渝段水道图"转译而成，并添加若干警告、海阔水准标示与编者题识，不仅是较早采用西方测绘技术的川

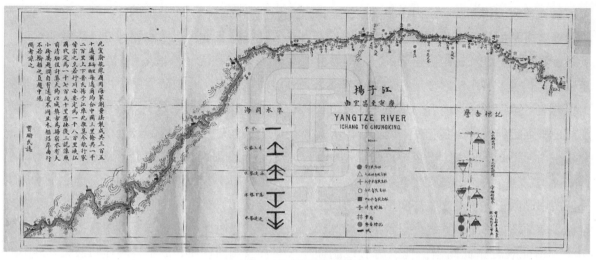

图一　川江标杆救生船图

江航道图之一，也是近代以来长江上游航道图绘制方式流变的具体例证，对于文献史、出版史、版本学、测绘学等相关研究来说也具有相当价值，值得进一步探讨。

4.川江水道与航行

此书系盛先良先生于民国二十六年（1937）编写，中国航海学社总经售，编者自刊，全书114页，16开本。《重庆地方文献目录提要》有著录[5]。该书绪言中作者坦言："余之编著是书，简言之，有动机二：一、我国正欲收回各帝国主义者在华之航权，觉现应在各方面从事事实之准备。二、吾人设欲消灭历来墨守成法之因袭意识，觉即宜普遍提倡科学方法之研究。"[6]为上述之目标，全书详细介绍川江航道之起源、水文情况、航标配置、航行纪要等内容，并配以各种图表，为国人研究川江水道与航行提供了详细资料与科学依据。

书中绘有川江航道险滩图21幅，依次为崆岭滩图、青滩图、黄浅图、泄滩图、牛口滩图、火焰石图、宝子滩图、风箱峡图、安坪滩图、磁庄子图、庙基子图、东洋子图、新隆滩图、狐滩图、烟邱子图、篮竹子坝、蚕背碛图、佛面滩及观音滩图、王家滩及柴盘子图、

洛碛卵石坝图，大体反映出民国时期川江航道之情形，较为珍贵。其图多借鉴西方现代科学手法绘制，并详细标出水流起伏、标杆设置、航道走向等地理信息，多有裨于航行实际，可资今人借鉴。

5.扬子江航道平面图（重庆至宜昌）

此图系民国时期粮食部四川粮食储运局配送处制，成图时间为民国三十二年（1943）九月，一套共四张，比例尺为1：250000，现藏四川省档案馆。图中采用标准指向标，但多根据航道走向偏转幅度，故每幅图的指北方向都有所不同。从绘图内容看，此图依次绘出重庆至宜昌之间长江上游航道情况，标出沿途聚落、险滩等之分布及名称，并绘出聚点仓库、县仓库、分仓库的具体分布地点。

其中，第一图所绘内容为重庆至丰都段长江航道平面走向，绘出聚点仓库一处（重庆），县仓库四处（江北、长寿、涪陵、丰都），分仓库三处（木洞、洛碛场、珍溪场），并附重庆至长寿里程表、长寿至涪陵里程表、涪陵至丰都里程表。第二图所绘内容为丰都至万县段长江航道平面走向，绘出县仓库一处（忠县），并附丰都至忠县里程表、忠县

至万县里程表。第三图所绘内容为万县至巫山段长江航道平面走向，绘出聚点仓库一处（万县），县仓库二处（云阳、奉节），并附万县至云阳里程表、云阳至奉节里程表、奉节至巫山里程表。第四图所绘内容为巫山至宜昌段长江航道平面走向，绘出县仓库一处（巫山），并附巫山至巴东里程表、巴东至秭归里程表、秭归至宜昌里程表、重庆至宜昌里程表。此外，图中还附记："重庆宜昌间里程系由图上量得，较原图内海里换算之公里数少，特此说明。"由此观之，此图当由他图为底改制而成，而非自绘。

1939年，卢作孚先生受粮食部委托，负责掌握粮食水运速达的有效办法，以解决后方粮食匮乏之危局。先生在对长江内河航运进行深入调查后，认为应分三段集中储运，以备急需。从图中所绘不同等级仓库之分布来看，当是三段式粮食运输格局的集中体现，是一套专为抗战时期后方粮食转运而成的专题性航道图册，其史料价值较高，值得进一步研究。

6.长江上游宜渝段航行指南

此书由顾久宽编著，民国三十四年（1945）刊行，系民生实业公司驾驶丛书第三种。全书共分十节，对长江上游宜渝段上下水正常航线、特殊水道、锚位、航标解说、航行术语、航行章程、历年海损、船舶绞滩规则、国际避碰章程等内容均择要说明，不仅为航行人员之指标，亦可资治水者之参考。

书中附二十多幅川江水道图，比例尺为1∶12600，依其顺序，分别为黄脑碛水道、烂泥湾水道、螃蟹碛水道、倒脱靴水道、勾岭碛水道、鱼洞子水道、羊肚溪水道、塔连碛水道、丁溪嘴水道、篮竹坝水道、流沙坡水道、蒋渡湾水道、磨盘石水道、鹞子碛水道、蚕背梁水道、涪陵水道、秤杆碛水道、莲子碛水道、象鼻子灶门子水道、柴盘子王家滩水道、

风和尚水道、下洛碛水道、洛碛水道、明月沱水道、麻雀堆水道、水葬水道、飞蛾碛水道、大兴场水道等。详细说明长江上游宜渝段之险滩碛坝情况，实为研究民国川江航道图编绘的极佳材料。

7.长江上游宜渝段航道及航标配布简图

此图册由长江航运管理局重庆分局编印，系根据海军部海道测量局刊行万分之一水道图缩绘，于1960年4月印刷，封面为红色硬壳包装。在当时此书系内部参考图籍，因当时内容多涉及国防性质，故不得转让与遗失，并不准翻印，并于书皮特别注明"秘密"字样。全套图册共196幅，比例尺为1∶15000。

书中首页还附有"长江上游宜于（渝）段航道及航标配布简图刊行说明"，兹将所列要点分叙于下：1.图中所刊礁石高度及水深，系根据驾引实际经验水淹没时所记之高度和深度，其位置亦为概位，与海图所列礁石高度及水深，均有所出入。2.图中数量单位均采用公制，并于每幅图上附有公英尺对照表。3.图中所用水位均以当地下游就近一个水位标为准。4.图中有底线之地名，系指航标名称。5.图中有底线之数字，即表示该处礁石之高度；无底线之数字，即表示该处深度。6.图中所绘航标，均根据川江航道处航标配布图绘入，但受图幅限制，不能将枯、中、洪水位变迁时水位时所移设位置全部绘入，仅将其设立水位注于每标之旁，并以箭头表示移设方向。

新中国建立后，长江航务管理局自1953年起用三年时间对长江全线航标进行彻底改革，改革后的航标规格及配布原则参照苏联内河航标体系，配置成"镇链"式的导航标志。川江航标改革从1953—1956年三年时间内，以重庆为界分上、下两段分别实施，废除了旧式标志，使川江航道全部建成为"左岸白色白光、右岸红色红光"的区分标志。航标改革后，川

江航道重新建立了具有统一规格式样和颜色区分的新型航标,分为引导通航标志、指示危险标志、信号标志三类[7]。

依图中所示,航标图例主要有洪水航线、中水航线、枯水航线、水深信号杆、监督站、雾信号杆、通行信号台、注意标、界限标、棒标、过河导标、横流浮标、左右通航浮标、三角岸标、三角浮标、过河标、接岸标等17种,并以左、右两岸不同类别区分标示,基本上反映出航标改革后川江航道及航标配布的基本情况,对研究川江航道航标配置之演变过程来说极具史料价值。另外,由于编绘时间仓促,与民国《峡江滩险志》相比,此图没有及时编列历年来川江航道之文字资料,当是其疏漏之处,用时应加以注意。

8.长江上游航行参考图

此图集由长江航运管理局重庆分局编绘,于1977年4月内部发行,在当时属机密资料,所绘范围为宜昌至重庆之川江航道。系根据重庆航道区1965年《宜渝段航道图》(1∶10000),并结合现场目测及其他资料改绘而成。全套图册共208幅,比例尺为1∶12000,首页还附有各类图例及航行水尺零点高程表、长江上游设计水位表(吴淞基面)、公英制航行水尺差误表。1986年,重庆航海学会曾邀请重庆长江轮船公司、长江航道局、重庆河运学校,将此版《长江上游航行参考图》结合《宜渝段引航操作资料》,重新编制一套图文合一的航行参考资料,分为宜昌至万县、万县至重庆两册,亦名为《长江上游航行参考图》。后者增加宜昌至重庆绘图基准面表、水位期划分表、库区航道主要碍航礁石建坝前后高度对照表以及各航段航行纪要等文字信息,在内容上更为丰富,体系上更为完善。

从图中内容看,所示航线均为上水航线,线上红色数字则表示该航线之水位。图中所绘

地貌包括高水位岸线、陡岩及陡形石梁、石坡、沙滩、陡沙、磊石、碛坝、危石崩山、土坎、石梁、焦巴石、水凼、湿地、山形图等。图中所标地物包括街区房屋、烟囱、宝塔、水塔、庙宇、油库、窑、坟、轮渡、汽车轮渡、轻轨绞车、抽水管道、趸船码头、水底电缆、城墙、小桥、抛石坝、阔叶树、针叶林、竹林、草地等。图中所绘高程水深有绘图基面上之高度、绘图基面下之深度、未到底之深度、扫测水深、二米等深线、三米等深线、四米等深线、五米等深线等。图中水区障碍物有岩礁、险恶地、适淹礁石、暗礁、沉船等。图中助航设施则包括通行控制台、通行预告台、雾情揭示台、界限标、鸣笛标、浮标、岸标、左右通航标、棒标、无线电话、航行水尺、锚地、泊位、绞滩船、岸绞等,还标出公里里程之具体数字,总计各类地理信息有六大类六十八种,极为详尽。此图集与民国时期《峡江滩险志》以及1960年《长江上游宜渝段航道及航标配布简图》相比,不仅吸收前两者编绘之优点,所绘内容与图幅数量有所增加,且对前图所绘差误多有订正,进一步适应了川江航运的实际需要,基本反映出上世纪七八十年代川江航道之地理状况,其价值值得肯定。

9.四川内河航运资料汇编·长江航道图

上世纪80年代,为适应水路军事运输与交通战备之需要,中国人民解放军重庆航运军事代表办事处收集川江航道、港口、船舶、水运工业、通讯、供应等方面的图籍资料,整理编制成《四川内河航运资料汇编》,并于1984年5月内部出版。因当时此书属军事机密资料,主要供军事运输、交通战备部门和部队使用,故知者甚少。原书中还配有一套《长江航道平面图》,分为"宜宾至重庆"、"重庆至万县"、"万县至宜昌"等三幅航道图。

以"重庆至万县长江航道平面图"为例,

此图比例尺为1∶25000，所绘图例有港务局、港务站、航道区、水文站、锚地、船闸、险滩、浅滩、急流滩、信号台等24种。图中依次绘出重庆至万县川江航道之水文状况、险滩位置以及各类航政管理与航标配布之具体位置，并附有主要险滩说明，较为全面地反映了20世纪80年代长江上游重庆至万县航道之地理情况，对研究川江航道航政管理等方面多有裨益，其价值值得肯定。

二、近代外国人所绘川江航道图补录

1.上江图（见图二）

清光绪二十二年（1896），上海总商会派员来渝查看商务，提出对川江进行全面测量，

以作通航行轮之准备。光绪二十三年（1897）至二十四年（1898），法国人薛华立即对长江上游宜昌至宜宾以上屏山段航道进行测绘，按1∶25000比例制成川江航道图64幅，名为《上江图》（法文原名"ATLAS DU HAUT YANGTZE"）。

作者薛华立（R P S Chevalier S J, 1852—1930），又译蔡尚质、谢瓦利埃，号思达，法国耶稣会司铎，天文学家。清光绪九年（1883）来上海，在徐家汇天文台工作，筹办并负责授时部门。他用两年时间测定长江上游沿岸经纬度，编制出版《上江图》，为往来行船服务。民国十四年（1925）在第一次国际经度联测时，他负责上海基点工作，被列为世界

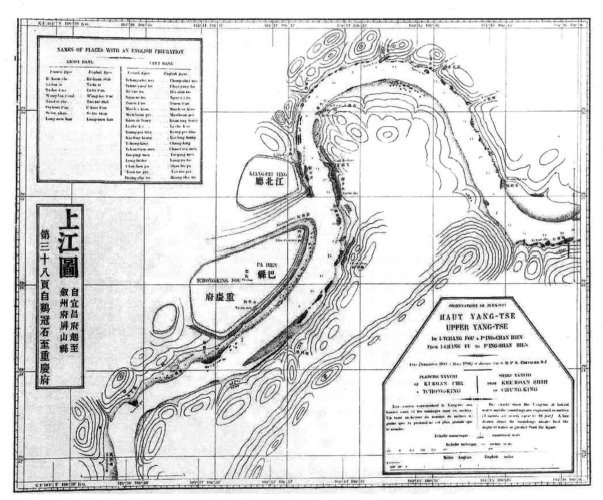

图二　上江图（鸡冠石至重庆府航段）

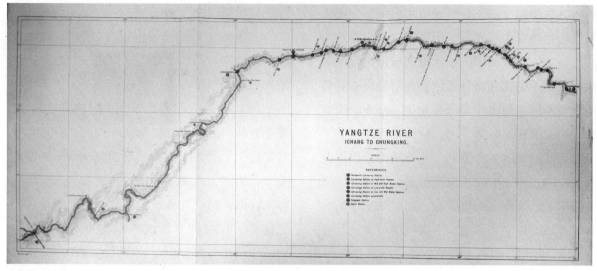

图三　川江航行指南　扬子江宜渝段水道图

经度三大基点之一。后与别人合作完成中西星名对照星表，是第一部用现代形式写出的中国星表。所著《赤道带照相星表》，曾获法国科学院奖金。

《上江图》采用中法英三种文字注解，图上绘出川江航道经纬度、航道水深、沙石泥丸以及低矮高峭石壁和县镇村庄、寺庙高塔的标示，相当准确。这不仅是目前所见川江第一次采用现代测绘技术而成的航道图册，也是近代西方人对长江上游进行测量的宝贵舆图资料，并为川江近代行轮的兴起提供了较为准确的依据。比照晚清时人所绘《峡江救生船志》、《行江必要》、《峡江图考》、《最新川江图说集成》等中国传统航道舆图，此图更富科学性与现代性。同时，西方人在此图的影响下，不断沿川江航道进行测绘，从英法海军所绘的川江航道图到英国人蒲兰田的《川江航行指南》，包括日本人所绘的《支那水运论》以及《扬子江案内全》中的川江航道图，都采用现代测绘手法进行绘图，其用意一脉相承，多有相似性。而中国人在此基础上，亦开始采用现代测绘技术编绘川江航道图，即《峡江滩险志》一书，以方便川江行轮。也就是说，近代

川江航道图编绘方式的现代转型，基本上是以此书为嚆矢的，故其史料价值弥足珍贵。

2.川江航行指南（见图三）

《川江航行指南》，英文原名"HANDBOOK FOR THE GUIDANCE OF SHIPMASTERS ON THE ICHANG–CHUNGKING SECTION OF THE YANGTZE RIVER"，系20世纪初川江首任巡江司英国人蒲兰田（S.C.PLANT）所著，1920年于上海首印出版。此书内容根据著者多年积累之川江航道资料与行轮经验，不仅详述川江宜渝段航行水程及险滩情况，还绘有多幅航道图以备参考。书成后，著者又将其连同《川江行轮章程》一道分发于川江各轮船、港口，使得此后川江行轮有章可循，驾领有规可遵，航运日趋有序。

书中所配川江航道图计总图1幅，分图21幅，共22幅。依插页顺序，分别为扬子江宜渝段水道图、风箱峡图、獭洞滩图、崆岭滩图、新滩图、黄浅滩图、洩滩图、牛口滩图、火焰石图、宝子滩图、庙基滩图、东阳滩图、兴隆滩图、巴阳峡图、狐滩图、折尾子图、鱼洞子图、虎须子及篮竹坝图、蚕背梁图、佛面滩及观音滩图、王家滩及台盘子图、洛碛箭滩图。

其中，总图即"扬子江宜渝段水道图"，图中采用蓝色填充川江航道，用晕澹法标识周边等高线地势，用英文依次标示沿途城镇与险滩名称，并用不同颜色符号标注各类信号设施具体位置与不同水位救生船分布变化，从而绘出宜渝段川江航道之整体走向，较为全面地反映了当时川江航线的大致情形。各分图则绘出川江分航段内之水文变迁、险滩位置、信号设施以及行轮上、下水之具体航线，同时采用中英文对照方式配以文字说明，不仅精准可靠，且通俗易懂，于川江航行大有裨益。

近代以来，西方列强开始采用科学测量法编绘川江航道图。早在1869年，两批英国人就从川江至重庆，试图勘测宜昌以上航道，但因行船太难，半途而返。1890年，《烟台条约续增专条》签订后，重庆辟为商埠，英国取得直航巴蜀的权利。1896年，上海商会派员来渝查看商务，提出对川江全面测量。此后，英法两国海军多次探测川江航道，复经当时中国海关副巡江司及英法海军少佐之修正，川江河道图始克完成。应该说《川江航行指南》亦是在此基础上整合提高而成，因其编绘精密，图文并茂，故被多次转译改绘，影响较大。此套图籍作为近代西方人编绘川江航道图的杰出代表，更值得我们进一步研究。

3.扬子江案内全

《扬子江案内全》1935年4月刊行，日本海军第三舰队司令部编印，是该舰队参谋长冲野亦男海军少佐在大正十五年（1926）日军对长江各航段和沿岸研究的稿本基础上增补编纂的兵要地志资料。书中正文部分主要为长江各段航路图以及长江沿岸各重要城市"市街图"，特别标注日本领事馆、租界、日本学校、商社位置，以及日侨的人数，总计50幅。附录部分主要为中国历史地图等16张地图，另有我国长江沿岸江防重镇地理和文化景观以及沉船、浅滩等52幅照片。

《扬子江岸内全》中包含7幅"川江航道图"，分别为第四十二图"宜昌—归州"，第四十三图"洩滩—巫山县—交滩"，第四十四图"风箱峡—云阳县"，第四十五图"兴隆滩—万县—五林碛"，第四十六图"石宝寨—高家镇"，第四十七图"丰都观—涪州—磨盘滩"，第四十八图"石家沱—重庆"。所绘内容除详细标出川江各航段内城镇与险滩位置、名称外，往往搜罗填充当地文史资料与古诗词，注记在图幅空白处。在兵志地图中如此大量穿插风景名胜介绍，令人匪夷所思。尽管图中对川江航道的描绘多有不确之处，且有附庸风雅之嫌，但作为日军军用航道图，此套图籍不仅是当年日本侵略中国的罪证，更值得我们深思其制图背后的险恶用心。

4.支那水运论

此书原书全名"支那水运论附满洲国水运"，日本马场锹太郎著，昭和十一年（1936）上海东亚同文书院支那研究部发行。

作者马场锹太郎曾是东亚同文书院第5期学生，1916年起开始任该书院教授，讲授中国经济地理、商品学等课程，主要著作有《支那经济地理志》、《支那重要商品志》、《支那水运论》、《支那资源和贸易》等，并曾参与18卷本《支那省别全志》的编纂。

《支那水运论》附有扬子江上游宜昌重庆间略图、洩滩图。从图中所绘内容看，当是著者参考蒲兰田《川江航行指南》所附航道图改绘而成，除增加若干日文地名标示外，两者几无差别，或可由此看出当年蒲兰田著作影响之大。

综上所述，晚清以降川江航道图的编绘大致可分为两大阶段，第一阶段为传统山水绘法阶段，代表作品有《峡江救生船志》、《峡江图考》、《四川省额设救生船只驿站渡船水手挑夫各项数目图说》等，这批川江航道图绘制多取法于中国传统山水画技法，形象展示了晚清川江航道的地理形势。第二阶段为现代测绘技术绘法阶段，从清末民初开始，西方先进测绘技术开始传入中国，特别是西方英法等国在川江行轮的刺激下，积极测绘川江航道图，典型作品有《上江图》、《川江航行指南》等。近现代中国人也开始采用现代技术测绘川江航道图，从《峡江滩险志》开始，一直到上世纪八十年代，运用测绘技术逐渐成为川江航道图编绘的主流，不论是在内容上，还是在体系上，都逐渐完善，对川江航运的近代化产生积极的效果。换言之，走向现代性和科学性是晚清以降川江航道图编绘的最主要特征，但从一定程度上说，传统山水技法绘制的川江航道图也有其文化史的意义，因此，如何从技术流转、文化传播、社会影响的角度来思考晚清以来川江航道图编绘的历史，当是日后研究的方向所在。

参考文献：

[1] 蓝勇.近代三峡航道图编纂始末.近代史研究[J].1994（5）：204—208.

[2] 北京图书馆善本特藏部舆图组所.舆图要录[M].北京：图书馆出版社，1997.463.

[3] 蓝勇.清代长江上游救生红船制初探.中国社会经济史研究[J].1995，（4）：37—43.

[4]（民国）杨宝珊.最新川江图说集成[M].重庆：中西书局，1923.3.

[5] 邵石康.重庆地方文献目录提要[M].北京：国家图书馆出版社，2008.313.

[6]（民国）盛先良.川江水道与航行[M].编者自刊，1937.1.

[7] 重庆市交通局交通史志编纂委员会.重庆内河航运志[M].北京：科学技术文献出版社，1992.9—10.

抗战时期巴蔓子墓的维修保护

唐昌伦[①] 胡 懿[②]
（重庆中国三峡博物馆，重庆渝中 400015）
（重庆市档案馆，重庆沙坪坝 400038）

摘 要：巴蔓子墓位于重庆市区七星岗，建于清朝，一直作为重庆人民凭吊祭祀古巴国将军巴蔓子之所。抗战时期由于年久失修，加之敌机轰炸，墓体本身和配套设施损坏，环境污浊，在中央古物保管委员会和重庆市临时参议会的干预下，重庆市政府组织工务局对该墓进行了几次维修。虽然设计了长久修复方案，囿于当时防空形势和经济状况，最后只能简单进行维修，维持原状。这几次维修是民国时期官方对重庆地区文物保护的开始，对重庆地方文物保护工作具有重要意义。

关键词：巴蔓子；墓地；维护

重庆古称巴国，巴蔓子为周时巴国将军，因为国家内乱，请楚王出兵帮助平乱，许以三城作为报答，楚王于是派兵。内乱平息后，楚王请巴划拨三城，巴蔓子为保国土完整，而又不失信于楚，于是自刎，派人将自己的头送交楚王。楚王大为感动，称有这样的将士还要城池干什么，于是用上卿礼隆重安葬其头颅，巴国也以上卿礼安葬其身体。年代久远，巴蔓子究竟葬于何地已不可考，现在我们可以见到的重庆市渝中区七星岗巴蔓子墓并非巴蔓子长眠之所，据向楚《巴县志》记载，该墓修建于清雍正年间，后垮塌，乾隆二年又重新砌石垒修，到1922年又予以重修。虽然不是巴蔓子将军的真正墓地，但几百年来一直作为祭奠英雄巴蔓子的场所，清代地方政府曾多次在墓地主持春秋祭祀。民国后，社会动荡不安，祭典废弛，墓地附近土地有的为官方出卖，有的被有势力的人占有，当地有识之士为保护墓地和另一古迹莲花池，组织成立了巴墓莲池会，募集资金，植种花木，并恢复春秋祭祀，向四川省政府申请了管业证，重庆市政府成立后，又向政府备案[③]。居民们称其为将军坟。抗战期中，因墓地损坏，在资金极度紧张的情况下，重庆市政府组织进行了几次简单的维修。

国民政府迁都重庆后，日军开始向重庆实施战略轰炸，妄图通过无差别轰炸，震撼我国的战时首都，打击国民政府抗战的意志。一时间，爆炸弹、燃烧弹齐飞，城区商业繁盛之地顿成废墟，到处断垣残壁，死伤枕藉，重庆遭受了前所未有的巨大浩劫，防空成为政府和老百姓最重要的工作之一。由于国力匮乏、军事技术落后，决定了我们的防空就是消极被动防备，开挖防空壕洞、拆除火巷、疏散人口等成为当时主要的防空措施。由于人员流动频繁，

---

①唐昌伦，男，重庆中国三峡博物馆，副馆长。
②胡懿，女，重庆市档案馆，副研究馆员。
③重庆市档案馆，0061-15-3362。

好多人已不了解久远的巴蔓子其人其事，缺乏对先烈的崇敬和礼遇，加之墓地没有专门的保护和措施，只用简单的土墙围了一下，民间机构巴墓莲池会没有能力对之进行有效保护，墓地已日益颓败。更为严重的是，日机狂轰滥炸，墓地的地坪、围墙都受到损坏，旁边房屋几成废墟。对于七星岗一带的居民来说，生死存亡已上升为第一要务，居民们在墓后挖掘了简易防空洞，水火无情之时，居民将墓地顺便作为方便之所，屎尿遍地，垃圾堆塞。为减少日机轰炸造成的损失，1939年，政府决定在城区开辟火巷，即在房屋密集地区就原有街巷拆除房屋，拓宽道路，阻断火势蔓延，以利于火灾救护和老百姓逃生，有的过分弯曲的路线也被截直，开辟火巷实际上也为重庆整理道路的第一步，政府希望在战后和平建设时将火巷改建为行人街道和交通马路。①因此，当时凡在拆除范围内的建筑是必须严格执行拆除令的。巴蔓子墓恰好在拆除火巷路线上，于是左侧围墙被拆除，本来乏人管理的墓地就更加污秽不堪、荒凉颓废，不要说春秋祭祀、瞻仰先烈，就是过路都臭不可闻。事情就这么拖着，造成了一定的负面影响。

时任重庆市长吴国桢从不同渠道了解了巴蔓子墓的窘况，这引起了他的不安。1940年3月14日，他给市工务局长吴华甫手谕："巴蔓子将军坟应如何保修，请设计。"②吴华甫不敢怠慢，派员实地勘查，墓地北有民生路，前后有废弃民房和防空洞，左右还有民房，整个地势异常狭窄，如要像样维修，势必涉及拆

建。当时重庆颁布了严格的禁建令，1939年6月14日蒋介石手令："自重庆市区至沙坪坝、磁器口、小龙坎各地沿公路两侧，不准再行添建大小房屋及机关工厂，在市区建筑房屋必须预留太平巷（火巷），违者议处。即已动工完成者亦勒令拆除重建。"③根据此令，重庆疏建委员会划定了战时禁建区域，自曾家岩至菜园坝沿中区干路路线以东，包括嘉陵江、长江间之三角地带，不准大修理和营造，只准小修小补。因此，吴华甫将墓地情况报告市长，碍于禁建规定，似难有所动作。而坟地狭小，将就原有地方难于设计布置，建议禁建令解除后再进行设计改建。当时一切以抗战为重，吴国桢同意等一等。时在重庆的中央古物保管委员会也注意到墓地情况，于1940年4月5日呈报内政部，称将军坟"系属历史上重要古迹，自应妥加保护"，请"转咨重庆市政府制止（人为损坏），切实保护"。内政部将意见转告重庆市政府请予重视，④市政府当即命令社会局、警察局"切实保护"，因为没有什么具体措施，保护谈何容易。⑤

1940年3月重庆市临时参议会第二次大会召开，会上有重庆市地方自治促成会提交议案："巴蔓子古墓近因拆火巷被损，请转市府注意保存古迹，加以培修。"因重庆市地方自治促成会会长康心如即是重庆市临时参议会议长，因此，该会3月29日第二次大会议定培修巴蔓子古墓议案由康心如以议长名义提交临时参议会讨论，同时还提交了"本市古迹均应注意保存，宜即组织古迹保管委员会，俾负专责"的

①台湾中研院近史所档案馆，053－03－001，重庆市疏建委员会。
②重庆市档案馆，0067－4－248。
③台湾中研院近史所档案馆，053－03－001，重庆市疏建委员会。
④重庆市档案馆，0067－4－248。
⑤重庆市档案馆，0061－15－3362。

议案。①此两案在临时参议会第二次会议讨论获得通过，送请市政府查酌办理，②市政府将任务交市工务局负责完成。工务局再次接到命令，不能再以禁建为理由推辞，经派人实地勘测，该墓地以北的民生路计划增宽至22公尺，墓地恰在这个范围内，若在现在地基上重新修建，势必扩大，既违犯了禁建令，又妨碍了民生路加宽计划，如将路线往北移动，又不符合原有马路两边平均放宽之原则，并且北边地势陡峻，工程量增大，施工难度增加，各种需费相应增加，政府财力无法承担。通过考查史籍，工务局发现巴蔓子墓并非原始墓地，从清朝到当时毁损、重修，地址已经有所变更。因此，工务局设计将墓地南移重修，既不妨碍马路加宽，又可以扩大墓地规模，使改建后墓地更庄严、大气。墓地坐北向南，总长51.5米，宽30米，整个墓地围墙四方围绕，最前端为墓门，进去为墓道，长29米，两侧种植花木，然后五级石阶，上到墓地区，依次是祭台、石桌、墓碑、圆拱形墓，四角修建花台，植以树木。这基本是一个比较完整的设计，可以很好地供市民瞻仰凭吊，更方便管理。工务局的考虑，该设计为永久性质，但因抗战期中，政府经济窘困，况且该地地处市区，已经多次遭遇敌机轰炸，经济上、现实上都不允许投入大量资金修建一新，遂提出因墓基墓身并无崩坏，先就原有基础简单维修，将墓地前后防空洞拆除，填平地面，四周修筑2公尺高抹灰土墙，再植栽树木，等待抗战胜利后再按照永久设计方案重建。经过测算，共需要维修款4200元。

1941年1月市府批准简单维修方案，工务局通过城区工务管理局发包给承建商李海州，经费在工务局杂项工程费下开支，但工程迟迟未开工。1941年2月，重庆市名胜古迹保管委员会成立，市长吴国桢为主任，社会局长包华国任副主任，主要目的是调查、保护古迹，第一次会议决定先将遗爱祠、节孝坊、巴蔓子墓设法培修③，因此，巴蔓子墓的维修势在必行。工程到5月份才动工，主要是修筑围墙，墙体以土筑成，青砖盖顶，围墙前修两砖柱，加两扇大门。5月7日动工，22日完工，6月5日，市工务局报告市政府请派人接管。市政府命社会局接管，另将将军坟维修情况函告市临时参议会，算是对参议会提案办理情况作一个交代。④根据临时参议会第二次会议提案，本市已成立名胜古迹管理委员会，但刚成立，无人负责，社会局暂派王心如前往验收接管，待重庆市名胜古迹管理委员会工作正常开展后移交该会。王心如命当地保长曾树清、甲长陈安之负责平时管理，避免闲杂人员毁坏⑤。

虽然巴蔓子墓经过此番维修，也算派人专门管理，但毕竟土墙泥地，禁不得水浸。重庆的秋天，连绵阴雨，土墙经历暴热后再秋雨浸渍，且墙上青砖盖顶，大大增加了墙体压力，因此，才到9月，就已经不堪重负多处坍塌了。王心如在9月26日呈报局长："该墓右侧围墙圮颓，砖石纵横，实有碍观瞻"，请指示如何办理。经报告市政府，依然指示工务局设法维修。工务局经勘查，围墙、堡坎因雨水浸泡垮塌，预算需款4520元修复，但工务局各项工程

①重庆市档案馆，0054-1-48。
②重庆市档案馆，0054-1-609。
③重庆市档案馆，0053-2-269。
④重庆市档案馆，0067-4-248。
⑤重庆市档案馆，0060-1-217。

经费已经用罄，请市政府拨专款进行。其时重庆市正在筹设市民银行，市府命社会局从筹设专款中拨出4520元办理维修。[1]12月6日，市工务局与树发祥营造厂陈树荣签订合同，修复围墙堡坎。工程12月6日开工，16日完工，包括砌石堡坎、筑围墙、围墙砖盖顶、砌石级、挖土方、填土方。工务局1942年1月21日验收合格，仍请社会局接管。[2]

1942年3月20日重庆市名胜古迹保管委员会第二次会议召开，推定委员胡文澜为巴蔓子墓保管委员，由其派人负责墓地具体管理。[3]同时，市政府令警察局第四分局派警察协助管理。为示慎重，3月25日，市政府向胡文澜专门颁发聘书。因附近居民仍然不免在墓地内抛弃垃圾和随地大小便，市政府命警察局四分局加强管理，并命属下派出所及保甲会同协助胡文澜工作。同时，另外制发牌告张贴墓地，"查巴将军墓为本市胜迹之一，值兹抗战期间，凡我市民参拜于兹，均应追仰先烈不屈不挠精神，藉资发扬正气。所有围墙内墓景尤须共同维护，以示崇敬，不得随意损坏，致碍观瞻……市长吴国桢"[4]。实际上，墓地情况已很不乐观，社会局本来是要将墓地移交胡文澜接管，但徐克年考察墓地，发现碑石碎断，附近居民对牌告置若罔闻，依然是垃圾堆塞，黄白之物遍地。胡文澜也去现场考察，只见地坪塌陷，围墙大门又多损坏，且门已少了一扇，另一扇已倾斜不能用，墓碑裂为四块。社会局立即征求胡文澜意见，就胡所提维修事项委托中央建设公司拟定维修方案，主要有换修墓

门，重立石碑，围墙重砌为砖墙，墓周小径铺设石板，墓前石桌改变位置，加四个石礅，沿路栽植松柏万年青等树木。这样维修的目的可以使围墙、地坪加固，并且整个墓地更为规范严肃。整个工程预算费用为19584元，这在当时可不是一笔小数目。因此，当4月8日社会局将预算报告市长后，吴国桢几乎是无法相信，他清楚地记得不久前拨款维修墓地，也是围墙、大门等，是工务局拿钱没做事吗？他命令工务局将之前维修情况详细报告。工务局于是对墓地的修理及移交情况进行了汇报，说明现在保管责任在社会局。抗战期中，市里经济捉襟见肘，而花钱的地方在在皆是，并且多是救急救命的需要，墓地维修2万元的款项无论如何是挤不出来的，但墓地起码的维护还是要做的。于是，市政府令工务局只需针对墓门酌予修复，在工务局1942年杂项工程费项下开支。工务局又招工装修墓门，其余略作整理。5月27日市政府分别命令工务局、社会局完成墓地移交，继续由社会局接管，并且致函胡文澜，告知修理和移交情况。社会局一面仍委托当地保长、甲长负责具体事项，另外和胡文澜接洽请派人接管。[5]

胡文澜作为重庆名胜古迹保管委员会委员，受市政府礼聘为巴蔓子墓保管委员，他还有另外一个职务，即巴墓莲池会会董、主任委员，在他接管巴蔓子墓后，雇请专人负责墓地维护和清洁管理。1942年夏天以后，日机对重庆城区的轰炸日渐减少，人民生活渐趋安定，巴墓莲池会在墓旁开设茶园，所获利润用于墓

①重庆市档案馆，0060－1－463。

②重庆市档案馆，0067－4－248。

③重庆市档案馆，0296－14－209。

④重庆市档案馆，0060－1－463。

⑤重庆市档案馆，0067－4－248。

地维护开支等，再加上警察派出所协助，墓地作为公共活动场所情况有了很大的改善。但好景不长，由于墓地右侧外有轰炸废墟和空地，长期没有清理，旁边高处的中国电化厂人员将之视为垃圾场，经常将垃圾粪便居高临下倾倒于此，以致堆积如山，堵塞了阴沟，墙根与屋基为污水浸泡，有的已经垮塌，未倾圮的也岌岌可危。巴墓莲池会数次交涉制止未能生效，1944年7月，会董胡文澜、委员杨肇修呈报市政府请求解决，修复围墙。市政府批示"交工务局查酌办理"。工务局经勘查，预计修复巴蔓子墓和莲花池围墙需要45000元，如果要修，准备在1944年度自治部分杂项工程费内开支，但建议暂缓修理，先将垃圾粪便清除干净。[1]市政府派潘镛实地核实，潘镛认为巴墓围墙虽已部分倒塌，残缺不堪，但倒塌处并非通街要衢，无碍观瞻，况且并非急需，可以从缓修理。清洁问题必须首先解决，并禁止以后继续倾倒。综合考虑，市政府决定先暂缓修理围墙，节省开支，但令市清洁管理委员会负责清理垃圾，并经常保持清洁。[2]此次清洁扫除后，直到抗战结束，市政府对巴蔓子墓没有再进行具体的维修保护。

巴蔓子墓，对于重庆人来说，历来就是凭吊先烈英灵、弘扬民族大义之所。特别是国难当头，更需要巴蔓子将军那种爱国爱民、舍身取义的牺牲精神来激励广大民众抗击日本军国主义的疯狂侵略，同仇敌忾，团结御侮，争取中华民族的最后解放。因此，在当时保护巴蔓子墓除了有保存古迹的必要外，还有一定的现实意义。虽然几次维修都因经费困难难免尽如人意，但这毕竟是战争时期政府和社会对文物古迹的重视和抢救，对于巴蔓子墓的保护起到了积极的作用。

---

① 重庆市档案馆，0067 - 4 - 248。
② 重庆市档案馆，0053 - 20 - 450。

从重庆中国三峡博物馆建馆60年社教工作浅谈博物馆教育功能发展趋势

管晓锐[①]

（重庆中国三峡博物馆，重庆渝中 400015）

摘 要： 重庆中国三峡博物馆（重庆博物馆）前身是1951年成立的西南博物院，其博物馆教育功能之发挥则可更早追溯至抗战大后方时期中国西部科学博物馆。2011年建馆60年之际，重庆中国三峡博物馆成立馆史编撰课题组计划编撰大事记及馆史，但最终未正式公开出版。作为编撰组成员之一，笔者在对馆史资料初步整理基础上，结合中国社会发展各阶段赋予博物馆的历史背景，对该馆创建发展各阶段的社会教育功能定位做一论述，并从中发现中国博物馆社会教育功能的变化趋势，以期对梳理中国博物馆发展与未来规划赋予特殊意义，以求教于前辈同仁。

关键词： 西南博物院；重庆市博物馆；重庆中国三峡博物馆；教育功能

一、回顾重庆中国三峡博物馆社教工作60年

（一）百废待兴：西南博物院时期

1943年夏，近代著名川籍实业家卢作孚召集以普及科学文化知识为己任的中国科学社等六家重要学术机关于北碚开联合年会，各学术机关几经讨论达成联合创建一座专门博物馆的共识。1943年底基于以"从事科学教育之推广及专门学科之研究"为宗旨，以"辅助教育、促进学术研究"[②]为工作目标的中国西部科学博物馆正式成立。该博物馆开馆即全面实行免费参观，吸引各阶层人士入馆参观，扩大博物馆受众面。为提高博物馆的利用率，除周一休息之外，每日开放，凡遇假期节日，特别延长参观时间，并加派职工解释说明。例如，于农民节、妇女节、青年节、儿童节、教师节作专题招待，团体参观，并派员引导说明，尽可能便利参观者。同时走出去组织周围的普通民众，尤其是当地农民参观博物馆，希望民众在博物馆体验科学的进步。[1]可见，在中国西部科学博物馆期间已自然衍生出博物馆教育功能，并通过展览中为观众进行讲解而得以实现，这在当时的历史条件和社会环境中尤为凸显。

1951年3月8日，西南博物院筹备委员会在西南军政委员会文教部召集下建立，同年10月，西南博物院正式成立，两年后又与西南人民科学馆（该馆1943年筹建时定名为中国西部科学博物馆，1946年更名为中国西部博物馆，建国后更名为西南人民科学馆）合并，组成西南博物院自然博物馆。西南博物院设立群众工作、陈列、保管三部，办公、研究两室，群众

---

①管晓锐，女，重庆中国三峡博物馆，馆员。
②摘自内刊《中国西部博物馆概况》，1947年。

工作部下设群众活动组，负责观众讲解接待工作。讲解员由本馆职工担任，通常以学习小组形式进行学习训练，由展览负责人领导学习，订立工作互助公约，每日晨晚召开讲解讨论会，通过讨论提高服务技能。西南博物院成立后即为观众提供讲解服务，每年参观人数是解放前的两倍有余，达到每年15万至20万人次。①

这一时期西南博物院的教育活动，主要是在展览中为观众提供宣讲，以实现爱国主义教育、宣传政策方针的展览目的。正如西南博物院1951年工作报告中提到："为突显'博物院是对群众进行宣传、鼓动教育的武器之一，通过形象化的陈列进行爱国主义与国际主义教育'，新成立的西南博物院筹备委员会和秘书处根据本院发展方向，在建院之初随即开始陈列室规划、展览筹划等工作。"1951年10月西南博物院首次举办展览《西南区文物展览会》展出文物、书画、民间工艺品类文物3000余件，博物院门前出现观众排队踊跃参观的盛况。1953年春节期间，"为了配合大张旗鼓地宣传国家过渡时期总路线"，西南博物院自然博物馆举办《西南主要矿产展》。1954年，西南博物院与四川省博物馆联合举办"中国人民志愿军特级英雄、特等功臣黄继光烈士的生前事迹展览"先后在四川省成都、内江、自贡、宜宾、泸州、万县和重庆市等地巡回展出并为观众进行讲解，共计接待观众30余万人。②

这一时期，配合考古调查发掘现场，进行文物保护方面的宣讲也是博物馆教育工作的特色之一。1953年，西南博物院协同相关机构，以宝成铁路出土文物为展品组织展览，在四川省博物馆举办汇报展后，组成12人讲解宣传组在宝成铁路修建沿线工地举办展览，讲解宣传文物法令与文物常识，历时一个月，受众达14余万人。1954年春，西南博物院组成川、康、滇三个文物工作小组，在四川广元、昭化、成都羊子山、重庆市郊、巴县冬笋坝、云南昭通、鲁甸、西康雅安，开展考古调查发掘工作，同时，在文物发掘清理现场举办出土文物展览6次，文物图片展览5次，放映幻灯19次，讲解宣传了国家文物法令和文物知识。

（二）时代的烙印：改革开放前的重庆市博物馆

1955年，因西南大区撤销，西南博物院正式更名为重庆市博物馆，馆舍迁至市中区神仙洞街207号（即枇杷山原中共重庆市委办公大楼、现为渝中区枇杷山正街72号），馆内设秘书、历史组、自然组、民主建设组、陈列、保管、群工组等，开展各项业务活动，群工组负责观众接待、宣传教育和展厅文物看守工作。当时，重庆市博物馆还管辖位于北碚的自然陈列馆（现为重庆自然博物馆），之后又先后接管重庆红岩村13号"八路军重庆办事处革命旧址"、曾家岩50号"周公馆"旧址、新华日报营业部旧址，并筹建和管理"八路军重庆办事处革命纪念馆"（现为"红岩革命纪念馆"）、"周公馆纪念馆"以及"中美合作所"集中营美蒋罪行展览馆（现为"歌乐山烈士陵园"）。

这一时期，学校开始尝试利用博物馆资

①西南博物院：《西南博物院筹备委员会秘书处工作总结（1951年至1954年）》。
②重庆中国三峡博物馆60周年馆史编撰课题组：《重庆中国三峡博物馆·重庆博物馆60年大事记。（1951—2010）（讨论稿）》，2011年5月5日。

源开展教育活动，而在馆外设"陈列柜"以及下厂矿、农村、学校和街道办流动图片巡展等形式，又促使博物馆讲解更趋于积极，观众数量增长迅速。重庆市博物馆成立当年观众人数36万有余，1956年又迎来了近40万观众的新突破，1958年，"大跃进"运动在全国范围内开展，在观众人数统计上也体现"大跃进"特征，当年即跃增至150多万人次，并且出现每年翻两番甚至三番的情况，到1961年甚至达到600多万观众的统计数据。

博物馆教育活动主要涉及馆内和馆外两方面。在馆内社教活动中，除讲解服务外，还增加了专供学校教学使用的专区，如，1956年北碚陈列馆在原有"脊椎动物"、"无脊椎动物"两个教学参考室外，增开"植物参考室"，以供大中学校教学之用。馆外的社教活动主要以讲座和巡展为主。如，1957年重庆市博物馆举办面向公众的学术讲座共计6次，受众达5000人次。1956年在沙坪坝文化馆设置"历史文物陈列柜"以扩大宣传。

"大跃进"至"文革"前期，博物馆的巡展内容除了自然和历史文物之外，更侧重配合政治任务和斗争，展出革命教育、社会主义建设、时事运动等展览，且侧重下厂矿、农村、学校和街道，多小型流动的图片展览。此类巡展的形式以便于流动展出的简易图文展板为主，主题涉及重庆地方自然环境、资源物产，重庆工业、农业及文化艺术等方面，在传播科学文化知识、激发人民群众热爱祖国、坚定共产主义信念、提高劳动生产热情等方面，发挥了较好的宣传教育作用。大量的巡展进厂矿、农村、学校，服务项目以深入群众为根本，要求解说员加强宣传解说工作，兼顾内外宣传工作，一手抓固定陈列的解说，一手抓流动展览工作，根据观众的不同情况和不同要求，采取

重点解说与全部解说相结合的办法，提高解说质量，做到人人宣传、个个解说。

1958年举办各型专题流动展览41个，制作用于流动展出的展板74套。展览期间，博物馆职工主动为观众解说，夏天还为观众提供茶水解渴。在市中区青年宫、群众艺术馆、沙坪坝俱乐部、鹅岭公园等处又新设固定展览点，并协助九龙坡建立区博物馆展览室，以方便巡展。当时为了完成建党、建国等重大节日的展览任务，为扩大展览宣传，节约人力、物力，博物馆在工作中又创造了一种"袖珍展览图片"，在车站、码头、轮渡、餐厅、茶社等公共场所进行展览宣传。当年为迎接"十一国庆节"，博物馆采用这种形式成功举办向党献礼的图片展览，之后用同样的形式举办"共产主义教育图片展"，在我市群众艺术馆以及郊区厂矿农村进行巡回展出。1959年为配合巡展制作展板31套，袖珍图片展板约400张，并赴南桐矿区桃子小学、第三钢铁厂、重钢、解放碑等地巡展，进行社会主义教育，激发工人和学生的生产和学习热情。1966年起开始了长达十年的"文化大革命"，重庆市博物馆停止对外开放，各项工作停滞。1972年元旦，市博物馆恢复对外开放，当年参观人数在10万人次左右。

（三）改革中碰撞：改革开放后的重庆市博物馆

在改革开放浪潮中，博物馆传统观念受到碰撞，博物馆教育又重新得到重视。在重庆市博物馆1981年和1982年工作总结中分别提出"在各项展出中都必须力争吸引更多的观众和增强教育效果，为此，要采取切实措施，发动各有关单位，加强组织观众特别是青年观众的工作，搞好陈列内容的宣传解释和展室环境的布置，努力改变当前'等客上门'、冷冷清清的状态"、"认真负责地做好对国内外观众的

接待工作、解说工作和服务公众，体现社会主义精神文明的新面貌"。这一时期，重庆市博物馆群工部仍然担当着观众接待、宣传教育，乃至展厅文物看守和展厅清洁工作，直到1987年群工部设置安全员才正式宣告讲解人员与文物看守人员职责分离。①

改革开放后，市博物馆接待观众人数稳中有升，每年参观人数少则7万有余，多则近20万人次，其中国外观众占5%以上，1986年市博物馆被评为市外事宣传工作先进集体，博物馆逐渐成为重要的对外文化交流窗口。②此时，博物馆教育活动主要为实施陈列展览宣传而实现，这一理念可见于1987年重庆市博物馆工作总结："搞好陈列宣传工作，博物馆在两个文明建设中有其特殊的作用。她是普及科学文化知识，进行爱国主义和革命传统教育的阵地，是一所没有围墙的学校。认真搞好陈列宣传工作是我们的一项重要工作。"观众接待和提供讲解服务成为博物馆群工部的主要工作内容。面对新时期不同观众特点，提高接待服务质量，展览讲解工作开始向系统化、多样化和规范化发展。1981年起重庆市博物馆开始对讲解员进行英语解说培训。同时，讲解工作中针对不同观众群体采取不同的解说方式，如，对部分特定的观众由专业知识较多的同志讲解；对外宾、华侨、港澳台同胞观众，指派专人陪同介绍；团体观众如有讲解需求尽量给予满足，对青少年观众实施免费讲解的优惠活动。除了馆内的日常讲解，讲解员还承担外出巡展的讲解

任务。在此期间，博物馆更加重视讲解员参加馆内外的培训和比赛活动。③

在传统的博物馆讲解服务之外，其他社会教育活动仍然在不断探索。位于重庆北碚的重庆市博物馆北碚自然陈列馆，虽然偏处一隅，但由于配合了当前学校教学与科研举办展览以及设置参考室，1980年来自重庆、成都和南充等地大专院校生物、地质、古生物、历史、美术等专业的部分师生在博物馆参观现场开展教学活动，观众人数远远超过位于市中心的重庆市博物馆枇杷山陈列馆。进入20世纪90年代，博物馆开始尝试主动"走出去"，开展报告会、讲座、共建活动等，如1996年重庆市博物馆围绕红岩精神的主题，开展"红旗下的思考"、"做红岩好少年、讲红岩故事"等报告会、专题讲座、讨论以及作文比赛；1997年重庆市博物馆群工部与川外法语系、干部经济管理学院等机构开展共建活动，义务培训讲解员，同时，与学校开展共建活动，举办主题队会、编写宣传教材等多种形式的宣传教育活动。④直至2001年重庆市博物馆作为"青少年教育基地"和"爱国主义教育基地"已与11个单位达成共建关系，博物馆教育功能得到进一步重视。

（四）探索中前进：重庆中国三峡博物馆

2000年9月27日，国务院办公厅批准新馆命名为重庆中国三峡博物馆，增挂重庆博物馆的牌子，重庆市博物馆正式并入，群工部更名为社教部，负责博物馆的观众接待、宣传教育

---

①重庆中国三峡博物馆60周年馆史编撰课题组：《重庆中国三峡博物馆·重庆博物馆60年大事记（1951—2010）》（讨论稿）》，2011年5月5日。
②重庆博物馆：《重庆市博物馆工作总结（1979年至1987年）》。
③重庆博物馆：《重庆市博物馆工作总结（1979年至1987年）》。
④重庆市博物馆：《重庆市博物馆工作总结（1997年至2004年）》。

和推广工作。2005年6月18日，重庆中国三峡博物馆新馆建成开放，内设陈列展览部负责公众开放与社会教育工作。2006年3月为统筹参观接待、讲解服务、展览维护、运行开放、宣传教育等方面工作，重庆中国三峡博物馆正式组建开放接待中心，2009年开放接待中心增设讲解接待科、展览维护科、外联科、宋居管理科，各科室各司其责，公共服务与社会教育功能得到进一步强化。2008年 3月26日重庆中国三峡博物馆正式对社会免费开放，并致力于良好的公众服务、公共关系和社会教育平台，进一步完善博物馆教育功能，成为首批国家一级博物馆、全国爱国主义教育示范基地、全国青少年教育基地、国家4A级旅游景区、重庆市科普基地和国防教育基地。[①]

在国内博物馆新一轮建设热潮中，国内外博物馆相互交流日趋频繁，西方博物馆的发展趋势和博物馆学理论冲击着国内博物馆管理者的传统理念，重庆中国三峡博物馆对教育功能的认识和重视被提到了前所未有的高度，并在以下方面做出新的探索和实践。

1. 开展市场调查，认识博物馆教育服务对象。为充分了解博物馆自身定位以及教育服务对象情况，重庆中国三峡博物馆在新馆筹建期间针对市民开展了一次大规模的市场调查。此次调查联合了重庆社科院社会调查专家进行，调查小组以社教部人员为主，从策划到实施历时半年完成问卷调查，之后完成市场调查报告撰写。免费开放之后，三峡博物馆定期对观众进行问卷调查和分析，并根据观众年龄结构、地域结构、文化水平结构、参观动机等变化，适时调整观众接待服务和社会教育工作。

2. 社会志愿者和博物馆之友。2006年3月重庆中国三峡博物馆首批青年志愿者上岗仪式正式启动，这支志愿者队伍从无到有，在探索实践中逐渐壮大，直至今日已形成一支由老中青相结合的有规范管理、系统培训、相对固定的群体。同时，我馆先后与重庆师范大学历史与文博学院（现为历史与社会学院）、四川外语学院、四川美术学院三所高校的四个院系共建青年志愿者实践基地培训学生志愿者，为专题陈列和大型临时展览提供讲解服务。我馆志愿者曾荣获2010年"全国十佳志愿者之星"称号。同时，博物馆之友制度也在探索中创建并趋于完善。

3. 结合学校教学需求，开展馆外社教活动。重庆中国三峡博物馆建立之初便成立社会宣教小组，一方面，走进重庆各大中小学开展讲座，以"追古抚今，展望未来"为主题，围绕重庆交通变迁、历史景观、建筑发展以及饮食等多方面解读重庆，讲座内容充分结合学校教学需求，结合幻灯片授课形式，受到师生欢迎。一方面，挖掘展览资源，以图文展板形式送流动展览进厂矿、学校、社区和乡镇。同时，尝试户外教育活动，三峡博物馆利用该馆古人类研究所资源，定期组织学生走进考古发掘现场，以考古发掘现场为教室，以观摩或动手为方法进行教育与学习活动。

4. 与学校签订共建合作协议，探索建立馆校合作的长效机制，充分利用博物馆资源，拓展青少年的第二课堂。2005年重庆中国三峡博物馆首次引进的境外艺术大展《太阳城——俄罗斯社会主义现实主义的辉煌》期间，来自四川美术学院的老师们首次受邀带领学生走进博

---

①重庆中国三峡博物馆：《重庆中国三峡博物馆工作总结（2005年至2010年）》。

物馆生动授课。在这之后的展览中，越来越多的师生们受邀走进博物馆展览现场，生动授课、现场临摹、完成作业，博物馆展厅已成为最受欢迎的教室。

5.策划实施系列教育活动。2010年重庆中国三峡博物馆创意推出了"神奇殿堂——走进三峡博物馆"系列教育推广活动，主题包括"梦回汉代"、"冰河世纪"、"捏塑的汉代生活"、"小小考古家"、"随虎妞闹虎年"、"一片叶子的旅行"、"花好月圆·冰壶秋月"、"英雄城市·永恒记忆"、"一件文物·一段历史"等。这不仅是配合临时展览推出的社教活动，而且已逐渐发展成为配合社会节庆日、结合社会舆论热点等提前策划、定期实施的博物馆常态化教育活动。

二、教育功能的变化与趋势

（一）从依附在展览功能上的服务性功能走向独立的博物馆基本功能之一。在西南博物院和重庆市博物馆时期，拥有教育职能的部门一直为群工组或者群工部。20世纪40、50年代至70年代，该部门的主要工作是为实现政策方针宣传、爱国主义教育等目的而面对观众进行的宣讲，可以说，是依附在展览功能上相对单向的宣传教育。20世纪80年代初改革开放后，博物馆开始注意在社会主义精神文明建设中观众的精神文化需求，以提高接待服务质量、帮助观众了解展览内容为目的，讲解态度更加积极，而且在开展馆外讲座、学校共建活动等方面有积极探索，但教育功能仍然是附着在展示上的服务性功能，未被正式归入博物馆业务职能之中，群工部人员曾一度承担着展厅文物看守和展厅清洁工作。直到进入21世纪，随着重庆中国三峡博物馆新馆的筹建，群工部更名为社教部，之后扩展为开放接待中心，并于2014年更名为公众教育部，社会教育功能逐渐成为

博物馆基本功能之一，该部门开展的工作除了讲解服务外，还包括馆外讲座、户外教学、巡展、馆校共建第二课堂、常态化的教育活动、观众调查分析、志愿者和博物馆之友管理等，部门中有专人负责各项工作。

（二）博物馆成为观众从被动接受宣教到主动享用终身学习的场所。从重庆中国三峡博物馆新馆筹备期间开展的那次市场调查开始，博物馆换位思考对观众进行调查和分析经历了从无到有的过程，这也是博物馆重新自我认识、重塑形象的一个过程。

博物馆是西方文明的产物，真正进入中国不过百余年历史。伴随着中国社会的变革发展，中国的博物馆也被赋予了不同时代所特有的符号。在建国以后的很长一段时间里，社会大众曾习惯于被动地集体组织参观博物馆，之后又曾被门票拒之门外，"冷漠、死板、高高在上"的形象成为隔在博物馆与观众之间的鸿沟。为了博物馆的长远持续发展，进入新世纪后的三峡博物馆从了解观众开始，扩展社会教育服务对象，丰富社会教育活动内涵，旨在成为学生的"第二课堂"、成人的终身教育场所等"非正式教育"机构，同时从公共文化资源的守护者转变为管理者、利用者和引导者。

（三）2007年8月24日，国际博物馆协会在维也纳召开的全体大会通过了经修改的《国际博物馆协会章程》。章程对博物馆定义进行了修订。修订后的定义是："博物馆是一个为社会及其发展服务的、向公众开放的非营利性常设机构，为教育、研究、欣赏的目的征集、保护、研究、传播并展出人类及人类环境的物质及非物质遗产。"可见博物馆具有征集、研究、展示和教育四大功能。一个完整的博物馆不仅应均衡地具备这四大功能，而且这四大功能之间还应有充分的互动关系。越是展现全面活力的博物馆，四大功能之间的关系越密切。

尤其是二次大战以后，全球博物馆界存在的趋势是博物馆教育功能增加，它不再是依附于展览而开展的临时活动，应该是具有理论研究和指导，具有长期规划、系统管理、常态化实施的重要业务工作；教育工作者不只是博物馆与大众间的介面而已，也可以是博物馆圣殿中业务工作团队的重要成员。博物馆的教育活动在

博物馆重要业务中举足轻重，正积极影响着甚至引领着博物馆的运营发展趋势和走向。

————

参考文献：

[1]徐玲.战时的缪斯殿堂——中国西部博物馆[J].中国博物馆，2010（4）：69.

"新春献瑞——重庆中国三峡博物馆藏中国木版年画展"琐忆[①]

张荣祥[②]　雷学刚[③]　龚义龙[④]

（重庆中国三峡博物馆，重庆渝中　400015）

摘　要：本文总结了2013年春节期间重庆中国三峡博物馆举办的一个大型原创性展览台前幕后的一些细节。为配合本次展览，年画课题组做了出版著作、召开学术研讨会、出版参会论文专辑、申报社科基金项目、发表系列论文五个方面的工作。本项工作大致经历了摸清家底、实地考察与深入研究、学术研究、形式设计与施工四个阶段。总结了领导关怀、缜密合理的设计、文物展览范式、文物本体研究、生动活泼的展览形式五点经验。

关键词：重庆中国三峡博物馆；中国木版年画；展览；琐忆

"新春献瑞——重庆中国三峡博物馆藏中国木版年画展"是重庆中国三峡博物馆2013年春节献给观众的一个大型原创性展览。展览时间为2013年1月1日至5月4日。展览以本馆珍藏60年的精品文物——年画为主线，以中国木版年画史、中国木版年画题材、中国木版年画产地、木版年画制作过程为主要展示内容，陈列馆藏文物400余件，展览面积约1200平方米。

配合展览，我们做了五个方面的辅助工作：一是在深入研究中国木版年画的基础上出版了《重庆中国三峡博物馆藏文物选粹·年画》。二是2013年4月25日在重庆中国三峡博物馆举行中国木版年画研究学术研讨会，会议由重庆中国三峡博物馆、中国艺术研究院民间美术研究中心、华南理工大学民间艺术研究中心、重庆市文化艺术研究院联合主办，重庆中国三峡博物馆承办。除了上述单位外，参会单位还有四川美术学院、西南大学、重庆师范大学、三峡大学、三峡学院、郑州大学、山西长治学院、成都大学等高校艺术院系，以及重庆梁平县文化馆、四川夹江年画研究所、河北武强年画博物馆、河南朱仙镇木版年画艺术馆。参会人员皆为年画艺术研究专业人员，或为民间年画制作艺人。因此，参会单位具有一定的代表性、权威性。特别是著名学者中国美术史研究泰斗85岁高龄的薄松年先生、中国艺术研究院研究员王海霞女士、华南理工大学教授冯敏女士等的莅临，使会议熠熠生辉，学术含量倍增，因而受到媒体广泛关注。三是成功申报重庆市社科基金项目——"馆藏卫聚贤捐赠木版年画研究"（项目编号2012YBYS105）。四是在学术期刊《今日重庆》、《三峡论坛》、《长江文明》发表了《品鉴：年画画年》、《新年祈盼与大众心理：对馆藏年画题材的统

①该文为2012年重庆市社科基金项目"馆藏卫聚贤捐赠木版年画研究"阶段性成果，项目编号：2012YBYS105。
②张荣祥，男，重庆中国三峡博物馆，研究馆员。
③雷学刚，男，重庆中国三峡博物馆，高级政工师。
④龚义龙，男，重庆中国三峡博物馆，副研究馆员。

计分析》、《中国木版年画学术研讨会学术综述》等一系列研究论文。五是召开中国木版年画研究学术研讨会后，《长江文明》出版了"中国木版年画学术研讨会论文专辑"。

对年画的深入研究与精彩的展览，使得本展览具有其他展览少有的鲜明特色，堪称"为馆藏文物研究提供了一个可资借鉴的范式"，引起了众多媒体的关注。重庆电视台、重庆日报、重庆晨报等多家主流媒体对本展览作了持续报道与关注，人民网、光明网、新华网等网站转载了消息。展览期间，展厅人头攒动，展厅外等待参观的观众排成一条长龙。展览效果良好，颇受社会好评。

台上一分钟，台下十年功。精彩的展览背后，是展览主创人员、形式设计人员、布展人员潜心的研究与辛勤工作。回顾起来，本项工作大致经历了摸清家底、实地考察与深入研究、学术研究、形式设计与施工四个阶段。

第一阶段：摸清家底。虽然年画展览是2013年1月1日正式与观众见面，但是这项工作提前一年已经开展。那是2012年2月，重庆中国三峡博物馆组建了"馆藏木版年画研究与展览"课题组，由本馆资深文物鉴定专家冯庆豪研究员，副研究员龚义龙博士组成课题组核心研究人员与主创人员，民俗文物保管员梁丽同志、摄影师陈刚、申林同志为课题组成员。馆领导给予了高度关注与工作指导。随即，2012年2—3月，课题组对馆藏年画进行摸底，查阅相关文物卡片，摘录馆藏年画编号、名称、尺寸、产地、收集人等初始信息。初步认定，本馆藏有年画2000余件（不含资料室未入编的年画），时代多为清至民国，产地涉及北京、天津、上海、重庆、广东、江苏、浙江、河北、河南、新疆、陕西、甘肃、青海、云南、贵州、湖南、湖北、江西等26个省（市、自治区），其中，包括天津杨柳青，河北武强，重庆梁平，四川夹江、绵竹，江苏桃花坞，河南朱仙镇，湖南滩头等13处国家级非物质文化遗产保护单位生产的年画。年画主要由我国著名学者卫聚贤先生捐赠，建国后，本馆业务员陆续从年画产地征集了一批年画。1945年新春，卫聚贤在重庆民众教育馆举办了以年画为主的"宗教与民俗"展览。1947年春节，卫聚贤又在重庆举办"全国门神展览"。重庆博物馆曾于20世纪80年代、90年代两次举办小型木版年画展览。

第二阶段：实地考察与深入研究。以前，由于缺乏专业人员，本馆收藏的这批年画一直没有得到深入系统的研究。课题组抓住本次展览机会，决定对馆藏年画进行深入系统研究。为此，冯庆豪先生虽然身患糖尿病，伴有高血压，但仍坚持外出考察年画产地，拜访年画艺人。每次出行之前，同行人员总是随身带有一些食物，以备冯庆豪先生发病头昏时应急，大家在工作中结下了深厚的友谊。在梁平，课题组到年画产地屏锦镇拜访了年画传承人徐家辉先生，走访了文化馆，亲眼目睹了文化馆收藏的年画木版，倾听了文化馆同志对梁平年画风格的介绍。在夹江，课题组走访了夹江年画研究所张荣强先生，听取了对夹江年画的风格的介绍，实地察看了夹江年画生产作坊所在地。在天津杨柳青年画产地，课题组走访问戴廉增年画作坊传承人，以及玉成号年画作坊第六代传承人霍庆顺，了解杨柳青年画的艺术特色，实地考察了天津杨柳青木版年画的生产现状。来到北京，在潘家园文物交流市场，课题组意外地收获了河北武强年画产地生产的年画若干。最后，冯庆豪先生还单独走访了四川绵竹年画博物馆，对绵竹年画的艺术风格，以及年画生产历史与现状进行了解。

第三阶段：学术研究。应当说，课题组实地考察的过程，也是对中国木版年画深入研究的过程。但是，由于走访的年画产地毕竟有限，加之清代、民国年画生产年画的地方，现在已经不再生产年画，课题组还得借助已经出版的著作，对全国各地的木版年画风格，以及各地年画生产历史与现状进行了解。为此，课题组在本馆文物信息中心支持下，购买一批年画研究书籍，同时，在市图书馆查阅资料。近年来对中国木版年画等非物质文化遗产的保护与研究，使得《中国木版年画集成》等大部头的著作得以产生，这也方便了本次展览对馆藏年画的深入研究。2012年3—4月，根据"摸清家底"阶段已掌握的近2000个年画编号，课题组提取年画，并将初步选取的年画分两次拍照。2012年5—8月，课题组成员对已拍摄的600余幅年画照片的风格、产地、作坊、生产时间、技法、题材、体裁等逐一考证，根据考证结果，按产地、内容对年画进行分类。课题组对馆藏木版年画的精确研究，以及对全国各地木版年画的风格的把握，为年画的成功展览、中国木版年画学术研讨会的成功举办，以及《重庆中国三峡博物馆藏文物选粹·年画》的出版创造了条件。2013年1月1日，重庆中国三峡博物馆藏中国木版年画展览如期开展。展览期间，4月25日，中国木版年画学术研讨会成功举办。2013年3月，《重庆中国三峡博物馆藏文物选粹·年画》出版。自2012年至2014年，课题组成功申报了重庆市社科基金项目"馆藏卫聚贤捐赠中国木版年画研究"，相继发表了一系列中国木版年画研究论文，出版了《长江文明》"中国木版年画学术研讨会专辑"，并将在完成社科基金项目后，出版专著。可以说，课题组对中国木版年画研究做得有声有色。

第四阶段：形式设计与施工。在对馆藏中国木版年画精确研究的基础上，课题组写成了"新春献瑞——重庆中国三峡博物馆藏中国木版年画展"展览文本。同时，展览形式设计

人员开始展览陈列形式设计。在文本设计与形式设计人员的基本理念是：本次展览应注重衬托浓郁的中国春节氛围，同时，让观众对木版年画这一美术形式有比较直观的感受。如果将老百姓喜闻乐见的中国木版年画以生动活泼的形式呈现给观众，必将增强本次展览效果。为此，展览文本与形式设计人员达成了一个共识，应从三个方面达到展览目的：一是以本次展览为载体，贯串"社会主义核心价值观"教育，即让观众增强对中国传统文化的认识，增强观众的民族自豪感与自信心，自觉树立"爱我中华"的爱国主义情怀。二是对民间生产的木版年画这门艺术形式有一个初步认识，让观众对中国木版年画生产历史、产地分布有初步了解，对各地木版年画的艺术特点、生产过程有初步了解。三是让观众在参观过程中，参与互动，亲身完成一幅木版年画的制作，为此，考虑到梁平木版年画制作人员数量太少，不足以承担配合本次展览现场表演的重任，本馆特聘请夹江木版年画研究所张荣强先生等四人全程参与本次展览的现场制作表演。

回想本项工作的成功完成，有以下五点经验可以总结：一是课题组成员在馆领导的亲自关怀下，放手工作。

二是本项工作开展之前已经对整个工作过程有过缜密合理的设计，故本项工作能够善始善终。

三是本项工作为馆藏文物的研究与展览提供了一个切实可行的范式：一个展览、一个课题、一个学术会议、一系列论文、一个学术研讨会专辑、一本专著，使得本项工作值得浓墨重彩的介绍。

四是文物本体研究深入，为展览的举办，课题的申报准备了条件。

五是展览以喜闻乐见的形式，既通过形象生动的方式让观众感受中国传统文化的深厚底

蕴，使观众在潜移默化中接受了"社会主义核心价值观"教育，又让观众感受到"年"的氛围，保持和传承了"中华文脉"，亲自参与的乐趣，使成年人和小孩都感受到参与的乐趣，研究不再是研究人员自己的事情，普通观众同样可以参与研究，参与实践。博物馆不再是少数人休闲娱乐的场所，而是社会大众休闲、娱乐、受教育的地方，观众不仅是袖手旁观的观画者，也是精美图画的画中人。

中国文明探源的新尝试
——《长江中游地区文明进程研究》概要

刘俊男[①]

（重庆师范大学历史与社会学院，重庆虎溪　401331）

摘　要：《长江中游地区文明进程研究》2014年由科学出版社出版，该书52.9万字，共分绪论及正文五章，对马克思主义国家起源理论作了重新认识，尤其是对"文明"一词及国家本质的理解，对中国上古的"氏""族"与"氏族公社"的"氏族"的区分；对长江中游地区部分文化的年代作了新的研究，并提前了几百年；将该地文明进程划为原始社会末期的酋邦，国家时期的城邦、霸国、王国、帝国等几个阶段；对传说史作了重新梳理，并且分清了天帝与人帝；将长江中游地区的文明进程置于全中国乃至世界进行考察与对比以显现其重要的地位。

关键词：《长江中游地区文明进程研究》；文明进程；国家起源

笔者主持的国家社科基金项目（编号10BZS003）成果《长江中游地区文明进程研究》2014年3月由科学出版社出版了。为交流心得，繁荣长江文明的学术研究，现借《长江文明》之媒介，向读者作一简单汇报，请读者、专家批评指导。

该书共52.9万字，分绪论及五章内容。第一章，马克思主义国家起源理论及最新发展；第二章，长江中游地区新石器时代文化概貌及年代学研究；第三章，长江中游地区文明进程；第四章，从传说看文明进程中的对抗与融合；第五章，长江中游地区早期文明的地位。其要点如下：

马克思主义国家起源理论与当今流行的"社会管理国家"观点有着本质的区别。根据马克思主义国家理论，我们认为"文明"的本义不是指"文化的精致形态"，它是"国家"的同义词，二者是摩尔根《古代社会》及马克思、恩格斯著作中"civilization"一词的异译。

马克思所设想的共产主义社会不是马克思主义国家理论中的"文明社会"，也可见"文明"不能理解为文化的精致形态；国家二重职能之一的公共管理职能是国家的重要职能，但它不是国家的本质，因为它不能将国家与非国家区别开来；文明社会的要素很多，其本质要素是作为暴力机器的"国家"（政府）的出现，而国家的本质特征是"和人民大众分离的公共权力（德文原文为'ffentlichen Gewalt'即'公共暴力'——引者注）"；在国家机器中，掌握暴力的警察是最具本质性的要素，或者说早期国家可以暂时没有法庭、监狱、官僚系统、宫殿等，但不能没有"警察"，恩格斯说"这种公共权力起初只不过作为警察而存在"；学界所列的文明社会要素需要归类，应分成构成要素与本质要素；我们可以从私有制、专偶制家庭、阶级、有组织地修筑的军事性城墙、宫殿、官僚系统、法庭、监狱等方面来考察国家的起源；分层社会不等于阶级社会，阶级形

---

①刘俊男，男，重庆师范大学历史与社会学院，教授。

成需要有阶级意识及人为的努力，阶级形成的道路有两条，这两条阶级形成的道路都可通向国家，所谓"社会职能强化道路"也是经过阶级矛盾及阶级冲突才达到国家的，它不能否定国家的阶级性；凉山彝族的社会演进与马克思主义国家理论不矛盾。家庭起源于奴役制，马克思主义"氏族"（gens）不是家庭的集合体（clan or family），专偶制家庭的出现意味着原始社会的解体，"它（专偶制家庭）的最终胜利乃是文明时代开始的标志之一"（《马克思恩格斯选集》第四卷，第58页）；恩格斯的有关国家形成的几个"标志"的理论同样适用于上古中国。

长江中游地区拥有众多的旧石器时代遗址，经历了彭头山文化、皂市下层文化、汤家岗文化（城背溪文化、高庙文化大体与皂市下层文化并存）、大溪文化、屈家岭文化、石家河文化、后石家河文化等新石器文化阶段，之后又出现了荆楚文化。从已公布的碳十四数据、树轮校正年代，以及与周边文化的对比看，屈家岭文化起始时间比过去学界流行的观点要提前约300年，即公元前3500—前2800年。石家河文化起始时间比过去学界流行的观点要提前约400年，即公元前3000—前2300年，相当于大汶口文化晚期和龙山文化早期。前后相继的两种文化在不同遗址过渡的时间不一，大约有200年的交叉期。

从目前的考古资料来看，长江中游地区的文明演进大体经历了酋邦、城邦、霸国、王国、帝国五个阶段。第一阶段，距今18000—6300年，陶器产生，农业社会出现；距今7000年出现了凤凰崇拜、大型祭坛、人祭，酋邦形成；距今6500年左右出现了贫富分化。第二阶段，距今6300—5300年，出现了专偶制家庭、城壕，以及供职业守城人员使用的设施、阶级、类似于文字的陶符、人奠、人殉；在距今

5500—5300年，出现了被称为神殿、宫殿的高规格建筑，城邦已经形成。第三阶段，距今5300—4300年，出现了金属、石灰、水泥性能建材、城邦群；石家河古城为现中国境内当时最大的城址，拥有宏大的城壕和独特的祭"祖"遗迹，阶级分化加剧，"王者"刻画图像及图像文字出现；其时，战争主要在边缘地区展开；距今5000—4300年，霸国形成。第四阶段，距今4300—4000年，阶级分化极其剧烈，龙凤及首领崇拜成为宗教主流，石家河城仍然是长江中游地区汇聚四方文化因素的政治、经济、文化与宗教中心，尧、舜、禹王国形成。尧、舜、禹王国形成后，文明中心北渐，长江中游地区文明中心有所衰微。但盘龙城以后石家河文化、二里头文化、二里冈文化，遗存丰富，拥有面积为300万平方米的城址，标志南方文明并未中断。第五阶段，距今4000—2000年，荆楚主宰长江中游地区；楚王熊渠始行分封制，属于王国。熊通始行郡县制，开始向"帝国"迈进，至楚人刘邦建立西汉帝国，帝国体制完全形成。第一阶段属于原始社会，第二至第五阶段为不同政体形式及不同规模的国家。

当然，这个演进轨迹还是粗线条的，还有些模糊的地方，随着考古工作的不断深入，文明的演进将会变得更为清晰。另外，几个阶段也不是绝对的，阶段与阶段之间也可能存在复辟或倒退，从而呈现出复杂的局面。"霸国"是本书所立的一个文明进化阶段，这是根据长江中游地区的考古实际而得出的看法，从逻辑上是说得过去的，文献上也能得到一些印证，与世界其他几个文明古国也颇相似。后世，如夏、商、周，在其管辖范围内是王国，但在边远地区，它也还只是个霸国（宗主国），边远之国还有相当的独立性。在天子失去共主地位时，如春秋、战国，也会出现"霸国"。因

此，"霸国"不一定是每个国家文明进程中的一个必经阶段，也不仅限于文明起始阶段，只是根据长江中游地区的地下遗存的实际，我们推断该地拥有这个阶段。

本书所划分的这几个阶段虽说是根据对长江中游地区研究得出的结论，但也似乎符合几大原生文明古国的实际，似乎拥有一定的共性。但由于暂时对其他各大文明古国未作更深入的研究，因此，这是否就是世界文明起源的共同规律还可继续研究。

"皇"、"帝"的本义皆与神鸟凤凰（天翟）有关，其本义皆指天帝，或天帝之使者。五方帝原本为天帝，不可与人帝相混。孔子等认为三皇五帝原意为三正五行。东周至秦汉之间，儒者以人间先王比附天帝，才出现人间的三王五帝。按董仲舒的记述，人间的三王五帝随时代而变更。东汉以后又将三王五帝与三皇五帝相混，并出现"三皇五帝"的各种不同说法。我们应以司马迁"究天人之际，通古今之变"的精神来研究文献资料中的古帝王。

长江中游地区的古居民很可能包括传说中的伏羲氏、神农氏、黄帝（部分时段）、西陵氏、帝喾、帝挚、帝尧、祝融、老童、楚人、巴人、三苗等众多历史主体。而黄帝（部分时间）、昌意、颛顼、鲧、禹等则很可能是中原地区的历史主体。不过、颛顼、帝喾、帝舜等也曾"称霸"过黄河、长江两河地区。

从文献可知，尧舜禹时期出现了空前的民族融合，舜、禹所领导的部落先后融入帝尧领导的部落，还吸收了周边皋陶、伯益、契、弃等部落。舜、禹之际，以长江中游地区为政治中心转而变为以中原为政治中心。这些记载与地下遗存正相吻合，吸收了良渚文化多种因素的后石家河文化一步步北渐并使王湾三期文化与之近同，再萌生出二里头文化，并进而出现强大的商文化，从而推动了中原政治中心时代的到来。

九黎、三苗原本不是人名也不是族名，而是指华夏族群被沦为平民的那部分人，不同时期的三苗是炎黄部落中不同分族的平民人群，三苗（平民）为了对抗统治者，也会建立平民政权，颇类似于后世的农民起义。一支三苗被迁于西羌，另一支浮入南海成为三苗国。上古时期的"百姓"与"三苗"相对，是指贵族阶级，即统治阶级。长江中游地区国家的产生与其他国家的产生一样，经历了社会分化、阶级形成、国家产生的过程。宗教在国家的形成中起到了重要的作用，战争征服、民族融合、社会管理职能强化都起到了作用。炎黄时代是国家产生的时代，但华夏一体化经历了一个渐进的过程，有时甚至出现了间隔的过程。

通过对地下遗物及居、葬俗等进行对比分析，我们认为黄河流域的仰韶文化曾对长江中游北岸有着较强的影响，但从大溪文化开始向东、向北扩张，以至出现螺丝山、曹家楼两个新的大溪文化类型。至屈家岭文化、石家河文化时期，长江中游地区的文化影响至黄河沿岸，河南郾城郝家台遗址已完全纳入石家河文化范围。石家河文化、后石家河文化时期很可能伴有南方民众的大规模北迁。石家河文化扩张至漯河郝家台遗址后，河南煤山类型文化与湖北后石家河文化基本是同一文化，应当是受石家河文化强烈影响或直接北迁而形成的，可通称为后石家河文化。

二里头文化是在煤山类型文化的基础上出现的。而就其终极来源来说，则主要来源于长江中游地区的石家河文化。据《偃师二里头——1959—1978年考古发掘报告》所公布的二里头遗址第一期所有器物的型式进行分类统计，发现与长江中游石家河文化相似的器物约占总类型的62%，与北、东、西方文化相似的器物约占14%，其自身新因素约占24%。而如前所论，石家河文化比王湾三期文化早期约早300年，王湾三期文化地区至王湾三期文化后期才慢慢被石家河文化的这些器物所同化。

山西至内蒙古一带400毫米等降水量线曾是农业与牧业（或半农半猎）两大民族的地理分野。在距今4800—3800年前，出现了南北民族争夺晋南的现象。首先是南方屈家岭文化进入晋南，其次是长城以北的游牧（或半农半牧）民族南下晋南创造的陶寺一期文化，然后双方进行了拉锯战，出现了南北文化逐鹿中原的景象。经历了这翻争夺之后，无论南方还是北方民族都欲统一全中国，并将其统治中心定在中原，从而形成了夏、商、周乃至后世以中原为中心的政治格局。

长江中游地区的文明进程比周边地区显得略早，而且文化中心先后由怀化高庙过渡到澧县城头山，再依次过渡到天门石家河，河南漯河郝家台、新密新寨、偃师二里头，有一个由南而北的渐进过程。尽管不是每次文化中心的北渐都是由南方文化直接北迁造成的，但至少在石家河文化、后石家河文化时期文化中心有较大规模的北迁。王湾三期文化后期（亦即后石家河文化时期）已跨入夏文化纪年，长江中游地区的文化及文明在夏文明的形成中占有重要地位。

长江中游地区在稻作农业，制陶（尤其是白陶、黑陶、蛋壳陶、烧砖），贫富分化，专偶制家庭，城邑，早期国家等诸多方面曾领先于黄河流域，黄河流域则在彩陶制作，对偶家庭，家长制家庭公社，统一的夏、商、周王权等方面领先于长江中游地区。长江中游地区的社会演化大体与红山文化及其南迁与中原文化融合而形成的陶寺文化并驾齐驱，两支文化曾逐鹿中原，进而推动了中原地区夏、商、周政治中心的形成。长江中游地区文明演进较快主要是由生产力发展、生产关系及社会意识形态的变革引发的。文化中心的向北推进及快速发展还得益于交叉地区不同文化间的融合与斗争。

通过与周边及世界古文明的比较，我们认为迁徙人群对文明产生起了直接的影响，这可以说是世界文明起源的总规律。因此，在研究中国文明起源的时候我们应更多地考察迁徙对某个地域文明产生的影响。通过比较，我们还认为长江中游地区的文明进程在萌生阶段（或酋邦阶段）与西亚两河流域大体相当，甚至还略早，在早期文明阶段则与两河流域、埃及等文明古国大体并驾齐驱，是世界上最古老的文明发祥地之一。

马克思主义国家起源学说对长江中游地区文明进程的研究具有重要的指导意义。而研究中国，尤其是研究长江中游地区的文明进程又可丰富马克思主义国家起源学说。

该项成果得到国家社科基金五位验收专家一致好评。专家之一认为"提出了一些富有启示意义的看法，给人耳目一新之感"；专家之二认为"该课题对长江中游地区的文明进程进行深入剖析，具有重要的学术价值……笔者阅读了该成果两次，深为课题组的创新折服"；专家之三认为"将马克思、恩格斯国家起源理论与中国长江中游地区的文明进程个案进行了综合系统的研究，得出了科学的结论，是实证研究与理论研究相结合的具有创见的力作，在一定意义上具有填补空白的学术意义和价值，是一项优秀的课题成果"；专家之四认为"总体来说，该项目成果无论是在理论方法上还是对问题研究上都有其重要意义"；专家之五认为"全文框架结构合理，条理清晰，层次分明，逻辑严密，引证规范，方法科学，概念清晰，为中国文明起源研究的进一步深化提供了有价值的学术参考"。重庆市社科规划办在《2012年重庆市国家社科基金项目年度检查报告》中点名予以表扬，称"鉴定专家普遍认为该项目基础扎实，结题成果质量优良"①。当然，专家们也提出了一些不足及需要补充之处，例如，一些引文存在错误；可与世界文明古国作些比较；对一些有争议的问题要加以辨析，等等。因此，在按期结题后，笔者又花了几个月进行修改，并将引文、图片资料、数据及注释一一详索原文认真校对。尤其是增加了与世界文明古国的对比，使长江中游地区置于世界的视野内，从而彰显出长江中游地区文明的地位。

目前，2014年8月29日出版的《中国文物报》已经刊登了学部委员刘庆柱教授为该书所写序言，《中国史研究动态》正在刊登李禹阶教授所写书评。此外，南京大学范毓周教授、中国先秦史学会副会长葛志毅教授、湖南省博物馆刘彬徽研究员等也为本书撰写了书评。

该书得到众多专家及其他人员的帮助与关爱，对该书绪论及后记中所提及的各位专家及提供过帮助的所有人员，本人再次致以衷心的感谢！对各位专家所写验收意见或书评，笔者深表谢意！

当然，本书只是课题组近年研究的心得，肯定还会存在一些缺点及不足，谨望专家、读者批评指正。我们一定在下一个国家社科基金项目"中国南北两大生业区早期文明进程比较研究"中尽力做到更好。

附录：序《长江中游地区文明进程研究》
孟世凯

2010年6月13至15日，中国先秦史学会与重庆中国三峡博物馆、西南大学历史文化学院等联合举办，在重庆市召开的"长江·三峡古文化学术研讨会暨中国先秦史学会第九届年会"中，刘俊男博士约我给他的《长江中游地区文明进程研究》一书写个序。他多年参加先秦史学会召开的学术会议，对先秦历史文化多有研究，尤其热衷于三代前历史人物活动地域的探索。我很注重青年学者的学习兴趣，对一学科、一些历史问题如果无兴趣，只是为完成任务勉强去做，不但自己收效甚微，也会误其可贵时光；如果自己有兴趣，才会产生执着追求的动力，俊男博士对先秦三代前历史文化的探索就属于后者。为对上古史文化有更多的了解，深入地探索，感到自己需要再充电，虽过不惑之年，并已于2004年晋升为教授，俊男还是拜于著名的先秦史和考古学家，安徽师范大学裘士京教授门下攻读博士。在2010年6月博士毕业之际，该研究课题又被列入国家社会科学基金项目。该书就是在裘教授指导的博士论文的基础上，又经过三年多修改的成果。拜读这本与时俱进的著述后，感到是对马克思主义中国化的自然运用，将古史中的重要课题，以自己研究的成果集中表述。我除有所受益之外，也引发颇多的感触，不妨借此回顾一二。

新中国成立时我上中学，学习马列主义是社会发展史，知道人类的发展要经过原始社会、奴隶社会、封建社会、资本主义社会、共产主义社会（其初级阶段为社会主义社会）五个阶段。"抗美援朝"开始，开展肃清"亲美（帝国主义）、崇美、恐美"思想，建立"帝国主义一天天烂下去，社会主义一天天好起来"的思想。上大学时，马列主义是通过学习苏联的《联共（布）党史》，以及"古代史分期"，"西周封建论"、"战国封建论"、"殷周有大量的人殉，是奴隶社会"等问题的

---

①见http://www.npopss-cn.gov.cn/n/2013/0222/c219507-20571511.html国家社科规划网。

讨论文章获得的，这是学习先秦史的重点。"大讨论"关系到古史研究中是否要用马列主义，是大是大非的政治问题。许多问题都涉及20世纪30年代"社会史大论战"，老师指定同学们阅读"大讨论"的文章，我愚钝，很多都看不懂，因20世纪30年代我刚出生。在大学历史系，我最后是跟徐中舒老师学先秦史，20世纪50年代末毕业被分配到历史研究所也就是先秦史研究组（今先秦史研究室前身），在校学先秦史时学了些殷墟甲骨文知识，因此被分配去参加编纂郭沫若先生主编的《甲骨文合集》，后来负责图版编排的具体工作。

到研究所后又赶上"阶级斗争要年年讲，月月讲，天天讲"；"与天斗，与地斗，与人斗其乐无穷"的运动。出身好的学习马列主义是在研究中运用，而我出身于剥削阶级家庭，又是在旧社会生活的人，所以我学习马列主义是改造资产阶级世界观，彻底背叛剥削阶级家庭，脱胎换骨，站到无产阶级立场上来。只能按领导要求"老老实实夹着尾巴做人"，将主要的精力用在研究甲骨文中。1978年《甲骨文合集》图版编陆续出版，1980年我被调去参加国家大型项目——《中国历史大辞典·先秦史卷》的组织和编写工作，才算又从事先秦史研究。因此，对马克思主义关于古代社会理论连个一知半解都说不上，对于恩格斯的《家庭、私有制和国家的起源》还是1970年下放到"五七干校"时，分配我当木匠，除盖房、打家具外，自由时间较多才系统地对其进行学习。故45岁前学马列主义是改造世界观，改造好后赶上改革开放大好时代，一方面努力进行《中国历史大辞典·先秦史卷》的组织和编写，另一方面继续作出《甲骨文合集》承担的一册半释文。1982年5月中国先秦史学会成立，我又被选为常务理事，负责秘书处的学术活动。

近30年来我虽也出版过著述，发表过文章，但未直接论述过我国文明、国家的起源诸问题，深知自己在马克思主义有关理论方面先天不足，也就无心去"充数"，如今年老体衰，无精力再从头学习和运用，为一生憾事。近20年，一批青年史学家运用马克思主义关于古代社会的理论，结合我国古文献、古文字、新石器时代考古资料，以及古、今民族史资料，参证世界史有关论述，对我国文明起源、国家产生诸多问题进行综合研究，出版专著和发表论文。主要的专著和论文我都拜读过，很欣羡他们对马克思主义中国化有很深的领会，运用时虽理解各有不同，分析有深有浅，但都很自然。读后无教条、标签之感，可以说一书、一文都可成派、成家。他们大都是20世纪五六十年代出生的人，又都是改革开放后的硕士、博士，无过去时代的框框。他们在研究中证明马克思主义是科学和前进的，探索我国上古史诸问题，没有马克思主义理论的指导，很难走出历史时期的道路。我国何时进入文明？国家产生于何时？标志是什么？是什么类型？这都关系到中华民族的起源、发展问题，我认为他们在这20年来取得了不少成果。从此书作者所征引各家的论著中可窥一斑。

对目前运用马克思主义关于国家起源理论探索我国上古史取得的进展，我表示敬佩，但也感觉有点似是多余的不安。有的学者出版一本书，发表过几篇论述，"自我感觉良好的体温"就日渐上升，似是当代的恩格斯或摩尔根，目空一切，对不同的意见明里暗里加以讽刺。我认为对上古国家起源的探讨，远说已两千多年，近说也有百年。因此提一个新见解，也别自以为能解决千年的问题，如果你都解决，那么后辈史学家就会失业，我国历史上，尤其是古代史的谜团太多，世代史学家承传是个规律。也有人强调现代考古资料是解决问题

《长江中游地区文明进程研究》图书封面

的唯一依据，探索上古史当然离不开考古资料，但它既不是万能的，也不是唯一的，到目前新石器时代考古资料尚未发现有较多完整表意的文字，这方面的笑话、教训不时见于网络或报刊。我不敢对考古不敬，伴我工作一生的甲骨文就是考古发掘出土的，我对考古工作者很敬佩（从我的书、文中可查证）。我只感到对有些考古资料无所适从，研究后的正式报告尚未公布，各方神圣就纷纷登场显神通，加上有些不懂装懂的媒体介入，场面更加热闹，研究者信谁？

此书作者自从对探索传说时代的历史人物产生兴趣之后，就锲而不舍地学习上古史，发表研究论文。经多年从马克思主义关于国家起源的理论、新石器考古资料、古文献、现代各派学说的研究准备，在此书的探索中提出：伏羲氏、神农氏、黄帝（部分时段）、西陵氏、帝喾、帝挚、帝尧、祝融、老童、楚人、巴人等的历史主体活动都在长江中游地区；长江中游文化北渐后，融合周边文化尤其是北方草原与农业交叉区与长江流域大体并驾齐驱的古文化后在中原地区形成中华民族古文明；我国古文明的主体文化许多是由长江中游地区首先萌生再向北和其他地区扩展的等观点。我以为长江流域地区古文化历来受儒家观念的影响，偏见和不实之词颇多，但近几十年来"石家河"、"三星堆"、"金沙"遗址的发掘，配合修建"三峡电站"的抢救性发掘，促使古史学界对长江上、中游古文化重新认识，研究。在重庆召开的"长江·三峡古文化学术研讨会"，就试图为推动深入研究这一课题做些工作。俊男博士在书中自成一派，是否为先秦史学界人人接受是另外的问题，但他在书中反映当前研究各派的学说，征引丰富的资料，综合分析的新思路，以及对长江中游地区文明进程提出的几个阶段的新理论，将长江中游地区文明进程置于全中国乃至整个世界的范围内进行研究的新视角，定当推动中国文明探源工程，此书也将会成为今后研究者必备之书，这就是中国历代史学家的行经之路。

《长江文明》征稿启事

　　《长江文明》自2008年创办以来，以反映长江流域历史文化的研究成果，提供最新学术信息，增进学术界交流为宗旨。选文以学术质量为唯一标准，用文讲求实证考据与理论分析并重，提倡跨学科研究，关注最新学术动向，关照当下理论和实践问题。现面向海内外人文、社会科学学者诚征稿件。

　　稿件可以长江流域古代文明、文化、历史各方面问题为范围，研究内容可包括：长江流域考古发掘研究，古代文献的文本解读、博物馆展览与运行研究、历史文化解释性研究，以及关于长江流域研究的重要专著和最新理论问题的阐述、评论、综述与争鸣等。专题论文字数以10000字以内为宜，对涉及重大选题的高水平原创性研究论文字数不限。所有稿件切勿两投。编辑部在收到稿件后将尽快交付有关专家评议并回复作者，如在两个月后未见回复，则视为退稿。稿件刊用后将寄送样刊，并支付稿酬。因《长江文明》现已为《中国学术期刊网络出版总库》及CNKI系列数据库全文收录，稿酬中已包括文章著作权使用费，如作者不同意文章被收录，请在来稿时先行声明，我们将做适当处理。

◎ **来稿具体要求如下：**

　　一、投稿请注明作者真实姓名、工作单位及职称、职务、联系方式、中文摘要、关键词。

　　二、文责自负。依照《著作权法》的有关规定，编辑部保留对来稿作文字修改、删节的权利，不同意改动者务请注明。

　　三、《长江文明》注释一律采用尾注形式，注释序号用[1]，[2]，[3]……标识，正文中的注释序号统一置于所引文句段落标点符号之后的右上角。引用文献依次注明：作者、文献名、出版社、出版年、出版时间、页码等项，并请核对无误。

　　四、来稿请寄重庆市渝中区人民路236号重庆中国三峡博物馆《长江文明》编辑部，邮编：400015。也可以附件形式发送电子邮件至cjwm001@163.com或者加编辑部QQ 523798572进行在线传递，但务请于邮件标题栏中注明论文题目及投稿人姓名、单位等。